파이썬 디자인 패턴 2/e

파이썬 디자인 패턴 2/e

디자인 패턴을 사용해
소프트웨어 설계 문제 해결하기

체탄 기리다 지음

이우현 옮김

Packt> 에이콘

"복잡함을 줄이는 일이 컴퓨터 프로그래밍의 핵심이다."

– 브라이언 커니핸Brian Kernighan

"모든 컴퓨터 과학 문제는 여러 단계의 추상화로 해결할 수 있다."

– 데이비드 휠러David Wheeler

두 저명한 컴퓨터 과학자들의 위 인용구는 안정적이고 재사용할 수 있는 유연한 소프트웨어 설계가 현대 소프트웨어 개발자가 직면한 문제라는 것을 말해준다.

디자인 패턴은 이 문제의 가장 좋은 해결책이다. 디자인 패턴은 많은 소프트웨어 설계자와 개발자가 수년간 고민한 문제에 대한 해답이며 간결하고 명확한 컴포넌트와 인터페이스를 제공한다. 재사용성과 유연성, 확장성, 유지 보수성에 대한 검증을 마친 확실한 솔루션이다.

그동안 유명한 4인방(GoF, Gong of Four)이 쓴 책을 비롯해 디자인 패턴 분야의 초석이 되는 여러 책이 출판됐다.

파이썬과 루비, 클로저와 같은 고급 프로그래밍 언어가 많이 쓰이는 웹과 모바일 컴퓨팅 시대가 오면서, 다소 난해한 프로그래밍 언어를 기반으로 설명하는 이전 책들 대신 더 친숙한 용어와 재사용성이 높은 동적 프로그래밍 언어를 기반으로 설명하는 책에 대한 요구가 늘어나고 있다. 이러한 요구는 설계와 개발 단계 사이에서 길을 잃고 도움의 손길을 기다리는 초보 개발자 사이에서 특히 더 높다.

이 책이 바로 그 요구를 충족한다. 이 책은 GoF 책에서 설명하는 기본 디자인 패턴 템플릿 외에도 몇 가지 새로운 패턴을 더 포함한다. 경험이 부족한 독자들이 디자인 패턴의 유래와 역사를 이해하는 데 도움이 될 소프트웨어 설계의 기본 원칙부터 설명한다. 무턱대고 순진한 독자를 디자인 패턴의 미로 속으로 끌어들이지 않고 기초부터 친절하게 배움의 길로 인도한다.

이 책에서 소개하는 디자인 패턴은 모두 파이썬 코드로 작성됐다. 12년 넘게 프로그래밍을 해온 사람으로서 파이썬은 간단한 문제와 매우 난해한 문제 모두를 해결하는 데 효율적이고 쉬운 언어임을 확신한다. 파이썬은 초보 개발자와 어린 학생들에게 적합한 쉽고 재미있는 언어다. 초보 개발자는 이 책을 통해 파이썬을 배우며 보람 있고 생산적인 시간을 보낼 것이다.

체탄 기리다$^{Chetan\ Giridhar}$는 7년 이상 파이썬으로 소프트웨어를 개발해왔다. 복잡한 소프트웨어 설계와 구현을 직접 경험했기 때문에 이 책의 주제를 잘 이해하고 있다. 유명한 파이썬 교육자이며 PyCon India 등 여러 파이썬 관련 컨퍼런스에서 많은 사람을 대상으로 강연을 했다. 미국과 아시아 태평양, 뉴질랜드에서 열린 컨퍼런스에 초청받기도 했다.

이 책은 팩트출판사의 Learning 시리즈에 걸맞은 내용으로 구성됐으며 초보 파이썬 개발자가 효율적인 파이썬 코드를 능숙하게 작성하는 데 많은 도움이 될 것이다.

아난드 필라이$^{Anand\ B\ Pillai}$

- Skoov.com 최고 기술 책임자
- Python Software Foundation 위원
- Bangalore Python User's Group 설립자

| 지은이 소개 |

체탄 기리다^{Chetan Giridhar}

테크니컬 리더이며 오픈 소스 지지자이고 파이썬 개발자다. 〈Linux for You〉와 〈Agile Record〉 등의 잡지에 소프트웨어 기술과 개발 방법론에 대해 다양한 글을 기고했고 「Python Papers」 저널에 다수의 논문을 발표했다. PyCon India, 아시아 태평양, 뉴질랜드 등의 파이콘 컨퍼런스에서 강연을 했고 실시간 통신과 분산 시스템, 클라우드 애플리케이션에 관심이 많다. 팩트출판사의 감수자이며 IPython Visualization과 Core Python에 관한 책을 감수했다.

팩트출판사와 특히 메린트 토머스 매튜^{Merint Thomas Mathew}와 기술 감수자 모리스 링에게 특별히 감사한다. 이 책을 검토하고 서문을 써준 나의 멘토 아난드 필라이에게도 감사하다는 말을 전한다. 나의 부모님 죠트사나^{Jyotsana}와 자얀트 기리다^{Jayant Giridhar}의 기도와 아내 딥티^{Deepti}와 딸 피후^{Pihu}의 끊임없는 지지와 격려 없이는 이 책을 쓸 수 없었을 것이다.

| 기술 감수자 소개 |

모리스 링 Maurice HT Ling

2003년부터 파이썬 프로그래밍을 해왔다. 멜버른 대학에서 분자 세포 생물학 학사와 생물 정보학 박사학위를 받고 현재는 싱가포르 난양 기술 대학교 연구원이며 멜버른 대학교의 명예 연구원이기도 하다. 「Python Papers」의 생명 공학과 수리 생물학 분야 편집장이자 공편자이다. 최근에는 싱가포르의 첫 인공 생물학 스타트업인 AdvanceSyn Pte. Ltd를 공동 창업한 임원 겸 최고 기술 책임자다.

싱가포르의 Colossus Technologies LLP의 대표 파트너이며 관심사는 생물과 인공 생명, 인공 지능 등의 삶과 관련된 여러 측면을 컴퓨터 과학과 통계학으로 이해해보려는 분야다. 여가 시간에는 독서를 하고 커피를 마시며 글을 쓰거나 삶의 다양한 부분을 철학적으로 사색하며 시간을 보낸다. 링크드인 프로필 페이지 주소는 http://www.linkedin.com/in/mauriceling이다.

| 옮긴이 소개 |

이우현(owen.left@gmail.com)

위스콘신 대학교 매디슨과 서울대학교에서 컴퓨터 공학 학사와 석사 학위를 취득했다.
『그들은 어떻게 최고의 정치학자가 되었나』(후마니타스, 2012)와 『고성능 파이썬 프로그
래밍』(에이콘, 2016)을 공역·번역했다.

| 옮긴이의 말 |

소프트웨어 설계는 어렵고 복잡한 일이다. 규모가 작든 크든 어떤 언어를 사용할 것인지 또 주어진 예산 안에서 어떤 솔루션을 사용할 것인지 등에 대한 충분한 조사가 필요하다. 하지만 프로그램의 목적과 기능이 같아도 허용된 인프라 및 개발 기간, 사용자의 요구사항 등에 따라 언어와 구조가 모두 완전히 바뀔 수 있다. 따라서 소프트웨어 설계는 해답이 없는 문제이며 최적화와 쉬운 유지보수가 가능한 구조를 찾는 힘든 모험이다. 하지만 해답이 없다고 해서 제각기 생각한 방식대로 설계해버리면 설계자 본인도 이해할 수 없는 무시무시한 결과물이 나올 것이다. 유사한 문제에 대해 더 오랜 시간 고민하고 연구한 학자와 개발자의 해결책을 참고하는 것이 가장 좋은 방법이다. 여태까지 아무도 생각하지 못한 엄청난 구조가 아닌 이상 보편적인 답은 반드시 있다. 디자인 패턴은 소프트웨어 설계 과정에서 자주 발생하는 문제와 의문들을 분류해 각 목적에 최적화된 코드 구조를 정립한 개념이자 해결책이다.

GoF Gang of Four가 제시한 디자인 패턴이라는 개념을 처음 접하면 그 목적과 의도를 파악하기가 힘들 수도 있다. 정작 가장 중요한 기반 알고리즘과 기술은 뒷전으로 한 불필요한 소리 같기도 하다. 또 수많은 소프트웨어 구조를 몇 가지 형태로 분류하는 것도 다소 무책임해 보일 수 있다. 하지만 디자인 패턴의 목적은 단순하다. 수많은 구조를 몇 가지 형태로 패턴화해 프로그램 간 재사용할 수 있는 코드를 작성하고 유지보수를 용이하게 하는 것이다. 제멋대로 작성한 코드보다 특정 디자인 패턴을 기반으로 작성한 코드가 당연히 더 이해하기 쉽다. 해당 디자인 패턴을 이해하면 프로그램 구조를 빠르게 이해할 수 있다. 나아가 설계 문서에 들어

갈 내용도 줄어들고 패턴에 대한 수많은 사용 예제와 정보를 참고할 수 있기 때문에 유지보수 및 확장이 쉽다. 이처럼 장점만 있는 디자인 패턴을 마다할 이유가 전혀 없다. 물론 아주 간단한 프로그램까지 굳이 디자인 패턴을 적용하는 일은 낭비다. 지나친 추상화로 인해 프로그램의 규모에 비해 구조가 너무 복잡해지는 상황은 피해야 한다.

이 책은 GoF가 제시한 모든 디자인 패턴을 파이썬으로 작성하는 방법을 다룬다. 디자인 패턴을 이해하는 데 꼭 필요한 객체지향 개념과 관련 프로그래밍 이론도 설명한다. 디자인 패턴은 언어에 종속적인 부분이 있기 때문에 해당 언어에 대한 충분한 이해는 필수다. 이제는 파이썬은 쓰이지 않는 분야를 찾아보기 힘들 정도로 꼭 필요한 언어가 됐기 때문에 개발자라면 파이썬 기반 디자인 패턴은 한 번쯤은 숙지해야 한다. 더 나은 소프트웨어 설계와 생산성 높은 코드를 작성하는 데 이 책이 많은 도움이 되길 바란다.

| 차례 |

디자인 패턴은 큰 규모의 소프트웨어를 설계할 때 매우 중요한 부분 중 하나다. 소프트웨어 최적화에 대한 관심이 계속해서 증가하고, 소프트웨어 아키텍트는 객체 생성 방식과 코드 구조, 객체 간의 상호작용 등을 설계 단계에서부터 고민한다. 이를 통해 소프트웨어 의 유지보수 비용을 줄일 수 있고, 코드의 재사용성과 확장성을 높일 수 있다. 재사용할 수 있는 모듈 간 독립적인 프레임워크를 제공하는 일이 현대 소프트웨어 개발의 핵심이다.

▌ 이 책에서 다루는 내용

1장, '디자인 패턴 개요'에서는 객체지향 프로그래밍의 개념과 원칙을 살펴본다. 디자인 패턴이 소프트웨어 개발에서 언제 어떻게 사용되는지 알 수 있도록 디자인 패턴의 개념도 학습한다.

2장, '싱글톤 디자인 패턴'은 가장 기본적이고 널리 쓰이는 생성 패턴의 한 종류다. 파이썬으로 싱글톤 패턴을 구현하는 몇 가지 예제를 소개하고 싱글톤 디자인 패턴의 변형인 모노스테이트 (또는 Borg) 디자인 패턴도 알아본다.

3장, '팩토리 패턴 – 팩토리를 사용해 객체 생성하기'에서는 또 다른 생성 패턴인 팩토리 패턴을 소개한다. 그리고 팩토리 메소드 패턴과 추상 팩토리 패턴을 UML 다이어그램과 파이썬 3.5로 구현한 실제 사용 예제를 통해 학습한다.

4장, '퍼사드의 다양성'에서는 구조 디자인 패턴을 소개한다. 퍼사드가 무엇이고 퍼사드 디자인 패턴이 소프트웨어 설계에서 어떻게 사용되는지 알아본다. 파이썬으로 실제 사용 예제를 구현해 볼 것이다.

5장, '프록시 패턴 - 객체 접근 제어 구조'에서는 객체 접근 제어 구조는 디자인 패턴의 한 종류인 프록시 패턴을 다룬다. 프록시의 개념과 프록시 디자인 패턴이 소프트웨어 설계에서 어떻게 사용되는지 살펴본다. 프록시 패턴의 변형인 가상 프록시와 스마트 프록시, 원격 프록시, 보호 프록시를 소개한다.

6장, '옵서버 패턴 - 객체 이해하기'에서는 세 번째 디자인 패턴 분류인 행위 디자인 패턴을 학습한다. 예제와 함께 옵서버 디자인 패턴을 학습하고 푸시-풀 모델과 느슨한 결합 원칙을 소개한다. 나아가 옵서버 패턴이 클라우드 및 분산 시스템에서 어떻게 사용될 수 있는지 알아본다.

7장, '커맨드 패턴 - 요청 패턴화'에서는 커맨드 디자인 패턴을 소개한다. 커맨드 디자인 패턴이 실제로 어떤 상황에서 사용되는지 알아보고 파이썬으로 구현해본다. 나아가 리두/롤백 기능과 비동기 작업 수행을 어떻게 커맨드 패턴으로 구현할 수 있을지 알아본다.

8장, '템플릿 메소드 패턴 - 알고리즘의 캡슐화'에서는 템플릿 메소드 패턴을 소개한다. 커맨드 패턴과 마찬가지로 템플릿 메소드 패턴은 행위 패턴의 한 종류다. 템플릿 메소드 패턴에서 후크가 사용되는 예제를 살펴보고 할리우드 원칙을 소개한다.

9장, '모델-뷰-컨트롤러-컴파운드 패턴'에서는 컴파운드 패턴을 다룬다. 모델-뷰-컨트롤러 디자인 패턴이 언제 어떻게 사용되는지 알아본다. MVC 패턴은 가장 많이 사용되는 패턴이며 많은 파이썬 프레임워크가 이를 기반으로 한다. 토네이도(페이스북에서 사용하는 프레임워크)로 구현한 애플리케이션 예제를 작성하고 MVC 패턴을 학습해본다.

10장, '상태 디자인 패턴'에서는 커맨드 디자인 패턴과 템플릿 디자인 패턴과 같은 행위 패턴인 상태 디자인 패턴을 소개한다. 이 패턴이 소프트웨어 설계에서 어떻게 사용되는지 알아본다.

11장, '안티 패턴'에서는 소프트웨어 아키텍트 또는 개발자로서 해서는 안될 행동을 설명하는 안티 패턴을 소개한다.

▌ 준비 사항

파이썬 3.5는 다음 링크에서 다운로드 받을 수 있다.

https://www.python.org/downloads/

▌ 이 책의 대상 독자

이 책은 디자인 패턴의 원칙과 파이썬 애플리케이션 개발에 관심을 갖는 파이썬 개발자나 소프트웨어 아키텍트를 위한 책이다. 기초적인 프로그래밍 원리에 대한 이해와 초급자 수준의 파이썬 개발 능력을 요구한다. 학생과 교육자에게도 유용할 것이다.

▌ 편집 규약

이 책에서는 서로 다른 종류의 정보를 구별하기 위한 몇 가지 텍스트 스타일을 볼 수 있다.

여기서 몇 가지 스타일과 사례와 그 스타일의 의미를 설명한다.

본문 중간의 코드 단어, 데이터베이스 테이블 이름, 폴더 이름, 파일 이름, 파일 확장자, 경로명, 단축 URL, 사용자 입력, 트위터 등은 다음과 같이 표시된다.

"Car 객체는 fuel(연료)과 level, isSedan, speed, steering wheel(운전대), coordinates(위치) 등의 속성과 accelerate( )와 차를 좌회전시키는 takeLeft() 등의 함수가 있다."

코드는 다음과 같이 표시한다.

```python
class Person(object):
    def __init__(self, name, age): # constructor
        self.name = name #data members/ attributes
        self.age = age
    def get_person(self,): # member function
        return "<Person (%s, %s)>" % (self.name, self.age)


p = Person("John", 32) # p is an object of type Person
print("Type of Object:", type(p), "Memory Address:", id(p))
```

새로운 용어나 **중요한 단어**는 굵은 글씨체로 표시한다. 메뉴나 대화창 박스처럼 화면에 표시되는 단어는 본문에 다음과 같이 표기한다. "파이썬에는 public과 private, protected(C++, Java) 같은 캡슐화에 필요한 접근 제어 키워드가 없기 때문에 캡슐화의 개념이 없다."

 주의 사항이나 중요한 내용은 이와 같이 나타낸다.

 참고 사항 또는 요령은 이와 같이 나타낸다.

▌ 독자 의견

독자 의견은 언제나 환영한다. 좋은 점 또는 고쳐야 할 점에 대한 솔직한 의견을 말해주길 바란다. 독자 의견은 우리에게 매우 중요하다. 앞으로 더 좋은 책을 발행하는 데 큰 도움이 되기 때문이다.

일반적인 의견을 보내려면 전달하고자 하는 내용에 책 제목을 달아 feedback@packtpub.com으로 이메일을 보내면 된다.

여러분이 전문 지식을 가진 주제가 있고 책을 내거나 만드는 데 기여하고 싶다면 http://www.packtpub.com/authors에서 저자 가이드를 참조하길 바란다.

▌ 고객 지원

독자에게 최대의 혜택을 주기 위한 몇 가지 서비스를 제공받을 수 있다.

예제 코드 다운로드

이 책에서 사용된 예제 코드는 http://www.packtpub.com 계정을 이용해 다운로드할 수 있다. 이 책을 다른 곳에서 구입했다면 http://www.packtpub.com/support를 방문해 등록하면 파일을 이메일로 직접 받을 수 있다.

다음 단계에 따라 코드 파일을 다운로드할 수 있다.

1. 이메일 주소와 암호를 사용해 웹사이트에 로그인하거나 등록한다.
2. 상단의 SUPPORT 탭에 마우스 포인터를 위치한다.
3. Code Downloads&Errata를 클릭한다.
4. 검색란에 도서명을 입력한다.

5. 예제 코드 파일을 다운로드할 책을 선택한다.

6. 이 책을 구입한 드롭다운 메뉴에서 선택한다.

7. 코드 다운로드를 클릭한다.

팩트출판사 웹사이트의 책 웹 페이지에서 코드 파일 버튼을 클릭해 코드 파일을 다운로드할 수도 있다. 해당 페이지는 도서명을 검색해 접근할 수 있다. 단, 팩트출판사 계정으로 반드시 로그인해야만 한다. 파일을 다운로드한 후 다음의 최신 버전의 파일 압축 응용 프로그램을 사용해 폴더 또는 파일 압축을 해제한다.

- **윈도우용**: WinRAR/7-Zip
- **맥용**: Zipeg/iZip/UnRarX
- **리눅스용**: 7-Zip/PeaZip

이 책의 예제 코드는 https://github.com/PacktPublishing/Python-High-Perfor mance-Second-Edition의 깃허브에서도 제공한다. https://github.com/PacktPublishing/에서 다양한 도서 및 비디오 카탈로그에 포함된 다른 예제 코드들을 제공하고 있다.

또한 에이콘출판사의 도서정보 페이지 http://www.acornpub.co.kr/book/python-design-patterns-2e에서도 예제 코드를 다운로드할 수 있다.

오탈자

오타 없이 정확하게 만들기 위한 모든 수단을 동원해서 책을 만들지만 실수가 있을 수 있다. 문장이나 코드에서 문제를 발견했다면 우리에게 알려주기 바란다. 다른 독자들의 혼란을 방지하고 차후 나올 개정판을 개선하는 데 도움이 되기 때문이다. 오류를 발견했다면 http://www.packtpub.com/submit-errata에서 책 제목을 선택하고 Errata Submission Form 링크를 클릭해 자세한 내용을 입력할 수 있다. 보내준 오류 내용이 확인되면 웹사이트에 그 내용이 올라가거나 해당 서적의 정오표 부분에 그 내용이 추가될 것이다.

기존 오류 수정 내용은 https://www.packtpub.com/books/content/support 검색창에 책 제목을 입력해보라. Errata 절 하단에 필요한 정보가 나타날 것이다.

한국어판 정오표는 에이콘출판사의 도서정보 페이지 http://www.acornpub.co.kr/book/python-design-patterns-2e에서 찾아볼 수 있다.

저작권 침해

인터넷에서의 저작권 침해는 모든 매체에서 벌어지고 있는 심각한 문제다. 팩트출판사에선 저작권과 라이선스 보호를 매우 심각하게 인식하고 있다. 어떤 형태로든 팩트출판사 서적의 불법 복제물을 인터넷에서 발견했다면 적절한 조치를 취할 수 있도록 해당 주소나 사이트명을 알려주길 바란다.

의심되는 불법 복제물 링크를 copyright@packtpub.com으로 보내주길 바란다. 저자를 보호하고 가치 있는 내용을 계속 만들 수 있도록 도와주는 독자 여러분의 마음에 깊은 감사의 뜻을 전한다.

질문

이 책과 관련해서 어떠한 종류의 질문이라도 있다면 questions@packtpub.com으로 문의하길 바란다. 최선을 다해 질문에 답하겠다. 한국어판에 관한 질문은 이 책의 옮긴이나 에이콘출판사 편집 팀(editor@acornpub.co.kr)으로 문의해주길 바란다.

01

디자인 패턴 개요

1장에서는 객체지향 프로그래밍의 기본 개념과 객체지향 디자인 패턴의 원리를 설명한다. 뒷 장에서 설명할 내용을 이해하는 데 필요한 사전 지식을 다루며 소프트웨어 개발에서 필요한 디자인 패턴의 맥락과 용도를 개괄적으로 소개한다. 이 책에서는 디자인 패턴을 크게 생성 Creational과 구조 Structural, 행위 Behavioral 패턴으로 분류한다.

1장에서 알아볼 내용은 다음과 같다.

- 객체지향 프로그래밍의 이해
- 객체지향적 디자인 패턴의 원리
- 디자인 패턴의 종류와 맥락에 대한 이해
- 동적 프로그래밍 언어 패턴
- 생성과 구조, 행위 패턴

▌ 객체지향 프로그래밍

디자인 패턴을 설명하기 전에 먼저 객체지향 프로그래밍 ^{OOP, Object-Oriented Programming}의 기본 원리와 파이썬의 객체지향 패러다임을 알아보자. 객체지향 맥락에서 객체 ^{Object}는 속성 ^{Data Members}과 함수로 구성된다. 함수는 객체의 속성을 조작한다. Car라는 객체를 예로 들어보자. Car 객체에는 연료 잔량과 isSedan, speed, steering wheel(운전대), coordinates(위치) 등의 속성과 속도를 높이는 accelerate( )와 차량을 좌측으로 돌리는 takeLeft( ) 등의 함수가 있다. 파이썬은 객체지향 언어다. '파이썬의 모든 것은 객체다'라는 말이 있듯이 파이썬의 클래스 인스턴스와 변수는 개별적인 메모리 공간에 저장된다. 클래스 인스턴스의 객체는 애플리케이션의 목적에 따라 다른 객체와 상호작용한다. 객체지향 프로그래밍을 이해하기 위해선 우선 객체와 클래스, 메소드의 개념을 정확히 이해해야 한다.

객체

객체 ^{Object}는 다음과 같은 특성이 있다.

- 프로그램 내의 개체 ^{Entity}를 나타낸다.
- 개체는 다른 개체와 상호작용하며 목적을 달성한다.
- 예를 들어 Person과 Car는 개체다. Person은 Car를 타고 원하는 위치로 이동한다.

클래스

개발자는 클래스 ^{Class}를 사용해 실제 개체를 표현한다.

- 클래스는 속성과 행동을 포함하는 객체를 정의한다. 속성은 데이터의 요소이고 함수는 특정 작업을 수행한다.

- 클래스에는 객체의 초기 상태를 설정하는 생성자가 있다.
- 클래스는 일종의 템플릿으로 쉽게 재사용할 수 있다.

예를 들어 Person 클래스에는 name과 age 속성이 있고 직장으로 출근하는 gotoOffice() 함수가 있다.

메소드

객체지향 프로그래밍에서 메소드Method의 역할은 다음과 같다.

- 객체의 행위를 나타낸다.
- 속성을 조작하고 작업을 수행한다.

다음은 파이썬 3.5로 작성한 클래스와 객체를 생성하는 예제다.

```python
class Person(object):
    def __init__(self, name, age): # 생성자
        self.name = name #data members/ attributes
        self.age = age
    def get_person(self,): # 함수
        return "<Person (%s, %s)>" % (self.name, self.age)

p = Person("John", 32) # p는 Person형 객체
print("Type of Object:", type(p), "Memory Address:", id(p))
```

위 코드의 실행 결과는 다음과 같다.

```
Type of Object: <class '__main__.Person'> Memory Address: 4329015224
```

▌ 객체지향 프로그래밍의 주요 기능

객체지향 프로그래밍^{OOP}의 개념을 이해했다면 OOP의 주요 기능을 살펴보자.

캡슐화

캡슐화^{Encapsulation}의 기능은 다음과 같다.

- 객체의 기능과 상태 정보를 외부로부터 은닉한다.
- 클라이언트는 객체의 내부 구조 및 상태를 직접 수정할 수 없고 대신 수정을 요청한다. 요청의 종류에 따라 객체는 get과 set 같은 특수 함수를 사용해 내부 상태를 변경한다.
- 파이썬에는 public과 private, protected(C++, 자바) 같은 캡슐화에 필요한 접근 제어 키워드가 없기 때문에 캡슐화를 지원하지 않는다. 함수나 변수 앞에 __를 붙여 접근을 제어할 수 있다.

다형성

다형성^{Polymorphism}의 의미는 다음과 같다.

- 다형성에는 두 가지 의미가 있다.
  - 객체는 전달 인자에 따라 다른 메소드를 호출한다.
  - 동일한 인터페이스를 여러 형식의 객체들이 공유한다.
- 파이썬은 다형성을 지원하는 언어다. 예를 들어 + 연산자는 두 정수를 더하거나 문자열을 합칠 때 모두 사용할 수 있다.

다음 예제를 보면 정수 인덱스를 사용해 문자열과 튜플, 리스트의 원소에 접근한다. 파이썬의 다형성을 보여주는 예제다.

```
a = "John"
b = (1,2,3)
c = [3,4,6,8,9]
print(a[1], b[0], c[2])
```

상속

상속^{Inheritance}의 개념은 다음과 같다.

- 상속이란 클래스의 기능이 부모 클래스로부터 파생되는 것을 일컫는다.
- 부모 클래스에 정의된 함수를 재사용할 수 있고, 소프트웨어의 기본 구현을 확장시킬 수 있다.
- 상속은 여러 클래스 객체의 상호작용을 기반으로 계층을 형성한다. 파이썬 은 자바와는 다르게 다중 상속을 지원한다.

다음 예제에서 A 클래스는 B 클래스의 부모 클래스다. B 클래스 객체에서 A 클래스의 함수를 호출할 수 있다.

```
class A:
    def a1(self):
        print("a1")

class B(A):
    def b(self):
        print("b")

b = B()
b.a1()
```

추상화

추상화 Abstraction의 기능은 다음과 같다.

- 클라이언트가 클래스 객체를 생성하고 인터페이스에 정의된 함수를 호출할 수 있는 인터페이스를 제공한다.
- 클라이언트는 클래스의 복잡한 내부 구현에 대한 이해없이 간편하게 인터페이스를 사용할 수 있다.

다음 예제는 Adder 클래스의 내부 구현을 add( ) 함수로 추상화한다.

```python
class Adder:
    def __init__(self):
        self.sum = 0
    def add(self, value):
        self.sum += value

acc = Adder()
for i in range(99):
    acc.add(i)

print(acc.sum)
```

컴포지션

컴포지션Composition의 정의는 다음과 같다.

- 객체나 클래스를 더 복잡한 자료 구조나 모듈로 묶는 행위다.
- 컴포지션을 통해 특정 객체는 다른 모듈의 함수를 호출할 수 있다. 즉 상속 없이 외부 기능을 사용할 수 있다.

다음 예제는 A 클래스를 B 클래스에 포함시킨다.

```
class A(object):
    def a1(self):
        print("a1")

class B(object):
    def b(self):
        print("b")
        A().a1()

objectB = B()
objectB.b()
```

▌객체지향 디자인의 기본 원칙

앞으로 학습할 내용에 필요한 몇 가지 중요한 원칙을 살펴보자. 다음은 디자인 패턴을 공부할 때 반드시 기억해야 하는 객체지향 디자인의 기본 원칙이다.

개방-폐쇄 원칙

개방-폐쇄 원칙 The open/Close Principle 이란 클래스와 객체, 메소드 모두 확장엔 개방적이고 수정엔 폐쇄적이어야 한다는 원칙이다.

클래스 또는 객체의 기능을 확장할 때, 기본 클래스 자체를 수정하지 않아도 되도록 클래스와 모듈을 설계해야 한다. 클래스 확장만으로 새로운 기능을 구현할 수 있어야 한다.

추상 abstract 클래스를 수정하지 않고 확장해서 새로운 기능을 추가하는 것이 개방-폐쇄 원칙을 따르는 것이다.

이 원칙의 장점은 다음과 같다.

- 기존 클래스를 변경하지 않기 때문에 문제가 발생할 가능성이 낮다.
- 기존 버전과의 호환성 유지가 수월하다.

제어 반전 원칙

제어 반전 원칙The Inversion of Control Principle이란 상위 모듈은 하위 모듈에 의존적이지 않아야 한다는 원칙이다. 가능한 모두 추상화에 의존해야 한다. 추상화가 세부 사항에 의존하는 상황은 바람직하지 않다.

이 원칙에 의하면 모듈들은 지나치게 상호 의존하지 않아야 한다. 추상화를 통해 기본 모듈과 종속 모듈을 분리시켜야 한다.

제어 반전 원칙은 클래스의 세부 내용은 추상화돼야 한다는 것을 의미하기도 한다. 세부 구현이 추상화를 결정하는 상황은 반드시 피해야 한다.

제어 반전 원칙의 장점은 다음과 같다.

- 모듈 간의 낮은 상호 의존도는 시스템 복잡도를 줄인다.
- 종속 모듈 사이에 명확한 추상화 계층(혹 또는 매개 변수를 통해 지원)이 있기 때문에 모듈 간의 종속 관계를 쉽게 알 수 있다.

인터페이스 분리 원칙

인터페이스 분리 원칙The Interface Segregation Principle이란 클라이언트는 불필요한 인터페이스에 의존하지 않아야 한다는 원칙이다.

이 원칙은 효율적인 인터페이스 작성을 유도한다. 개발자는 반드시 해당 기능과 관련 있는 메소드만을 작성해야 한다. 해당 인터페이스와 상관없는 메소드를 포함하는 인터페이스를 구현하는 모든 클래스는 필요 없는 메소드까지 구현해야 한다.

예를 들어 Pizza 인터페이스에는 add_chicken( )과 같은 메소드가 필요하지 않다. Pizza 인터페이스를 구현하는 Veg Pizza(야채 피자) 클래스에 이러한 메소드를 강요하지 않아야 한다.

인터페이스 분리 원칙의 장점은 다음과 같다.

- 인터페이스에 꼭 필요한 메소드만 포함하는 가벼운 인터페이스를 작성할 수 있다.
- 인터페이스에 불필요한 메소드가 포함되는 것을 방지한다.

단일 책임 원칙

단일 책임 원칙The Single Responsibility Principle이란 클래스는 하나의 책임만을 가져야 한다는 원칙이다.

클래스를 구현할 때 한 가지 기능에만 중점을 둬야 한다. 두 가지 이상의 기능이 필요하다면 클래스를 나눠야 한다. 이 원칙에서 클래스는 기능으로 인해 변경된다. 특정 기능의 작동 방식이 변경돼 클래스를 수정하는 것은 허용되지만 두 가지 이상의 이유(두 가지 기능 변경) 때문에 클래스를 수정해야 한다면, 클래스는 분할돼야 한다.

단일 책임 원칙의 장점은 다음과 같다.

- 어떤 기능을 수정할 때, 특정 클래스만 변경된다.
- 한 개의 클래스에 여러 기능이 있는 경우, 종속된 클래스도 여러 가지 이유로 변경돼야 한다. 이러한 상황을 방지할 수 있다.

치환 원칙

치환 원칙The Substitution Principle이란 상속받는 클래스는 기본 클래스의 역할을 완전히 치환할 수 있어야 한다는 원칙이다.

말 그대로 파생된 클래스는 기본 클래스를 완전히 확장해야 한다는 이야기다. 코드 수정 또는 추가 없이도 파생된 클래스는 기본 클래스를 대체할 수 있어야 한다.

▌디자인 패턴의 개념

이제 디자인 패턴에 대해서 알아보자. 디자인 패턴이란 무엇인가?

디자인 패턴은 GoF^{Gang of Four}가 주어진 여러 문제에 대한 해결책으로 제시했다. GoF 란 『GOF의 디자인 패턴』(프로텍미디어, 2015)을 집필한 네 명의 저자를 지칭한다. 에 릭 감마^{Erich Gamma}와 리처드 헬름^{Richard Helm}, 랄프 존슨^{Ralph Johnson}, 존 블리시데스^{John Vlissides}가 집필했고 그래디 부치^{Grady Booch}가 서문을 썼다. 이 책은 소프트웨어 설계 단 계에서 흔히 발생하는 여러 문제의 해결책으로 총 23개의 디자인 패턴을 제시하며, 자바를 기반으로 한다. 디자인 패턴이라는 개념은 발명보다 발견에 가깝다.

디자인 패턴의 주요 기능은 다음과 같다.

- 언어에 독립적이며 모든 프로그래밍 언어에 적용할 수 있다.
- 새로운 패턴이 아직도 연구되고 있다.
- 목적에 맞게 변경될 수 있기 때문에 개발자에게 유용하다.

디자인 패턴에 대한 개발자의 인식은 대개 다음과 같다.

- 디자인 패턴은 모든 디자인 문제의 만병통치약이다.
- 문제를 해결하는 훌륭한 해결책이다.
- 대부분의 개발자가 인정하는 해결책이다.
- 패턴이라는 단어는 디자인에 반복적인 요소가 있다는 것을 나타낸다.

문제를 자체적으로 해결해보려고 노력해도 결과가 불완전한 경우가 많다. 디자인 패 턴은 완성도를 보장한다. 여기서 완성도란 디자인과 확장성, 재활용성, 효율성 등을 모두 포함한다. 디자인 패턴은 실패를 통해 배우기보단 이미 입증된 해결책을 통해 배워야 한다.

디자인 패턴을 언제 사용해야 하는지도 흥미로운 논제거리다. **소프트웨어 개발 사이클** SDLC, Software Development Life Cycle의 분석과 설계 단계 중 언제 사용하는 것이 맞는지에 대한 논쟁이 있다.

디자인 패턴은 이미 알려진 문제의 해결책이다. 그러므로 분석과 설계 단계는 물론 애플리케이션 코드와의 직접적인 관계 때문에 개발 단계에서도 생각해야 한다.

디자인 패턴의 장점

디자인 패턴의 장점은 다음과 같다.

- 여러 프로젝트에서 재사용될 수 있다.
- 설계 문제를 해결할 수 있다.
- 오랜 시간에 걸쳐 유효성이 입증됐다.
- 신뢰할 수 있는 솔루션이다.

디자인 패턴 용어

아무 코드나 디자인을 디자인 패턴으로 분류할 수 없다. 예를 들어 어떤 문제를 해결하는 구조체나 자료 구조를 패턴이라고 부르지 않는다. 디자인 패턴과 관련된 몇 가지 용어를 정리해보자.

- **스니펫**Snippet: 데이터베이스에 연결하는 파이썬 코드 등의 특수한 목적을 위한 코드
- **디자인**Design: 특정 문제를 해결하기 위한 해결책
- **스탠다드**Standard: 문제를 해결하는 대표적인 방식. 포괄적이며 현재 상황에 적

합한 방식

- **패턴**^{Pattern}: 유사한 문제들을 모두 해결할 수 있는 유효성이 검증된 효율적인 해결책

디자인 패턴 맥락

디자인 패턴을 효율적으로 사용하려면 개발자는 애플리케이션의 전체 맥락을 정확히 이해해야 한다. 맥락은 다음과 같이 나눈다.

- **참가자**: 디자인 패턴에서 사용되는 클래스를 일컫는다. 클래스는 여러 가지 목적을 달성하기 위해 서로 다른 역할을 수행한다.
- **비기능적 요구사항**: 메모리 최적화와 사용성, 성능 등이 여기에 속한다. 솔루션 전체에 영향을 미치는 핵심적인 요소다.
- **절충**: 디자인 패턴이 모든 상황에 항상 딱 들어맞지 않으므로 절충이 필요하다. 디자인 패턴을 사용하기 위해 결정해야 하는 부분이다.
- **결과**: 적합하지 않은 상황에 디자인 패턴이 사용될 경우, 부정적인 영향을 미칠 수 있다. 개발자는 디자인 패턴으로 인한 결과 및 사용법을 정확히 파악해야 한다.

▌동적 언어 패턴

파이썬은 리스프^{Lisp}와 같은 동적 언어이며, 특성은 다음과 같다.

- 자료형과 클래스는 런타임 객체이다.
- 변수의 자료형은 런타임에 변경될 수 있다. 예를 들어 a = 5, a = "John"처럼 변수 a의 값은 런타임에 지정되고 변수형도 변경된다.

- 동적 언어는 클래스 구현이 더 자유롭다.
- 예를 들어 파이썬은 다형성이 언어에 구현돼 있다. private이나 protected 같은 키워드가 없고 모든 변수는 기본적으로 public이다.
- 동적 언어를 사용해 쉽게 디자인 패턴을 구현할 수 있다.

▌ 디자인 패턴의 분류

GoF 책에서 23개의 디자인 패턴을 다음 3개의 범주로 분류한다.

- 생성 패턴
- 구조 패턴
- 행위 패턴

디자인 패턴은 객체가 생성되는 과정과 클래스와 객체의 구조 그리고 각 객체 간의 상호작용에 따라 분류된다. 각 분류에 대해 더 자세하게 알아보자.

생성 패턴

생성 패턴의 특징은 다음과 같다.

- 객체가 생성되는 방식을 기반으로 작동한다.
- 객체 생성 관련 상세 로직을 숨긴다.
- 코드와 생성되는 객체의 클래스는 서로 독립적이다.

싱글톤 패턴 The Singleton Pattern 은 생성 패턴의 한 종류다.

구조 패턴

구조 패턴의 특징은 다음과 같다.

- 클래스와 객체를 더 큰 결과물로 합칠 수 있는 구조로 설계한다.
- 구조가 단순해지고, 클래스와 객체 간의 상호관계를 파악할 수 있다.
- 클래스 상속과 컴포지션에 의존한다.

어댑터 패턴^{The Adapter Pattern}은 구조 패턴의 한 종류다.

행위 패턴

행위 패턴의 특징은 다음과 같다.

- 객체 간의 상호작용과 책임을 기반으로 작동한다.
- 객체는 상호작용하지만 느슨하게 결합돼야 한다.

옵서버 패턴^{The Observer Pattern}은 행위 패턴의 한 종류다.

▎ 정리

1장에서는 객체와 클래스, 변수 그리고 다형성과 상속, 추상화 등의 객체지향 프로그래밍의 기본적인 개념을 코드 예제와 함께 설명했다.

애플리케이션을 설계할 때 반드시 명심해야 하는 몇 가지 객체지향 프로그래밍 원칙을 설명했다.

나아가 디자인 패턴이 무엇인지, 언제 어떤 맥락에서 사용되는지 그리고 어떤 종류가 있는지도 알아봤다.

이제 디자인 패턴에 대해 더 자세하게 알아보자.

02

싱글톤 디자인 패턴

앞서 1장에서 디자인 패턴의 정의와 종류를 간략하게 설명했다. 디자인 패턴은 구조와 행위, 생성 패턴으로 분류된다.

2장에서는 애플리케이션 개발에서 가장 많이 쓰이는 생성 디자인 패턴인 싱글톤 디자인 패턴 The Singleton Design Pattern 을 소개한다. 싱글톤 패턴의 개념을 설명하고 사용 예제를 파이썬으로 작성해본다. 나아가 싱글톤 디자인 패턴의 변형인 모노스테이트(보그) 패턴도 소개한다.

2장에서 알아볼 내용은 다음과 같다.

- 싱글톤 디자인 패턴 개요
- 싱글톤 디자인 패턴 예제 코드
- 파이썬으로 싱글톤 디자인 패턴 구현

- 모노스테이트(보그) 패턴

1장 끝부분의 싱글톤 패턴에 대한 짧은 요약은 디자인 패턴을 이해하는 데 도움이 될 것이다.

▌ 싱글톤 디자인 패턴 개요

싱글톤 디자인 패턴은 글로벌하게 접근 가능한 하나의 객체를 제공하는 패턴이다. 싱글톤은 로깅이나 데이터베이스 관련 작업, 프린터 스풀러와 같은 동일한 리소스에 대한 동시 요청의 충돌을 방지하기 위해 하나의 인스턴스를 공유하는 작업에 주로 사용된다. 예를 들어 데이터의 일관성 유지를 위해 DB에 작업을 수행하는 하나의 데이터베이스 객체가 필요한 경우 또는 여러 서비스의 로그를 한 개의 로그 파일에 순차적으로 동일한 로깅 객체를 사용해 남기는 경우에 적합한 패턴이다.

싱글톤 디자인 패턴의 목적은 다음과 같다.

- 클래스에 대한 단일 객체 생성
- 전역 객체 제공
- 공유된 리소스에 대한 동시 접근 제어

다음은 싱글톤 패턴을 UML 다이어그램으로 표기한 예제다.

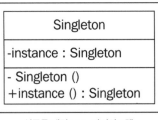

싱글톤 패턴 UML 다이어그램

생성자^{Constructor}를 private로 선언하고 객체를 초기화하는 static 함수를 만들면 간단하게 싱글톤을 구현할 수 있다. 첫 호출에 객체가 생성되고 클래스는 동일한 객체를 계속 반환한다.

하지만 파이썬에서 생성자를 private로 선언할 수 없기 때문에 다른 방법이 필요하다. 파이썬으로 싱글톤 패턴을 구현해보자.

파이썬 싱글톤 패턴 구현

다음은 파이썬 3.5로 싱글톤을 구현한 예제다. 이 예제의 목적은 다음과 같다.

1. 하나의 Singleton 클래스 인스턴스를 생성한다.
2. 이미 생성된 인스턴스가 있다면 재사용한다.

다음 코드를 참조하라.

```python
class Singleton(object):
    def __new__(cls):
        if not hasattr(cls, 'instance'):
            cls.instance = super(Singleton, cls).__new__(cls)
        return cls.instance


s = Singleton()
print("Object created", s)

s1 = Singleton()
print("Object created", s1)
```

위 코드를 실행한 결과는 다음과 같다.

```
Object created <__main__.Singleton object at 0x102078ba8>
Object created <__main__.Singleton object at 0x102078ba8>
```

위 코드를 보면 __new__ 함수(파이썬 전용 특수 생성자)를 오버라이드해 객체를 생성한다. __new__ 함수는 s 객체가 이미 존재하는지 확인하고 hasattr 함수(해당 객체가 명시한 속성을 가지고 있는지 확인하는 파이썬 함수)는 cls 객체가 instance 속성을 가지고 있는지 확인한다. 클래스 객체가 이미 존재하는지 확인하는 과정이다. s1 객체를 요청하면 hasattr()은 이미 객체가 생성됐음을 확인하고 해당 인스턴스(0x102078ba8)를 반환한다.

┃ 게으른 초기화

게으른 초기화Lazy instantiation는 싱글톤 패턴을 기반으로 하는 초기화 방식이다. 모듈을 임포트할 때 아직 필요하지 않은 시점에 실수로 객체를 미리 생성하는 경우가 있다. 게으른 초기화는 인스턴스를 꼭 필요할 때 생성한다. 사용할 수 있는 리소스가 제한적인 경우, 객체가 꼭 필요한 시점에 객체를 생성한다.

다음 코드의 s=Singleton() 부분은 __init__ 함수를 실행하지만 객체는 생성하지 않는다. 대신 Singleton.getInstance() 부분에서 객체가 생성된다.

```
class Singleton:
    __instance = None
    def __init__(self):
        if not Singleton.__instance:
            print(" __init__ method called..")
        else:
            print("Instance already created:", self.getInstance())
    @classmethod
    def getInstance(cls):
```

```
        if not cls.__instance:
            cls.__instance = Singleton()
        return cls.__instance

s = Singleton() ## 클래스를 초기화했지만 객체는 생성하지 않음
print("Object created", Singleton.getInstance()) # 객체 생성
s1 = Singleton() ## 객체는 이미 생성됐음
```

▌ 모듈 싱글톤

파이썬의 임포트 방식으로 인해 모든 모듈은 기본적으로 싱글톤이다. 임포트 방식은
다음과 같다.

1. 파이썬 모듈이 임포트됐는지 확인한다.
2. 이미 임포트된 경우, 해당 모듈의 객체를 반환한다. 임포트되지 않은 경
   우, 임포트 후 초기화한다.
3. 모듈은 임포트와 동시에 초기화된다. 모듈을 다시 임포트하면 초기화되지
   않는다. 하나의 객체를 유지 및 반환하는 싱글톤 패턴이다.

▌ 모노스테이트 싱글톤 패턴

1장, '디자인 패턴 개요'에서 GoF가 집필한 책에 대해 설명했다. GoF의 싱글톤 디
자인 패턴에는 클래스 객체가 하나만 존재한다. 하지만 알렉스 마르텔리^{Alex Martelli}
는 상태를 공유하는 인스턴스가 필요하다고 주장한다. 객체 생성 여부보다는 객체
의 상태와 행위가 더 중요하다고 이야기한다. 모노스테이트 싱글톤 패턴^{The Monostate}

Singleton Pattern은 이름 그대로 모든 객체가 같은 상태를 공유하는 패턴이다.

파이썬으로 간단하게 모노스테이트 패턴을 구현해보자. 아래 코드를 보면 __dict__ 속성(파이썬 특수 속성)을 __shared_state__ 클래스 속성으로 지정했다. 파이썬은 __dict__ 속성에 클래스 내 모든 객체의 상태를 저장한다. 아래 예제는 모든 인스턴스의 __dict__을 같은 __shared_state__로 설정한다. 하나의 객체만 생성하는 싱글톤 패턴과 달리, b와 b1 인스턴스를 초기화하면 두 개의 객체가 생성된다. 하지만 b.__dict__와 b1.__dict__는 같다. 따라서 b 객체의 x값을 4로 설정하면 모든 객체가 공유하는 __dict__ 변수에 복사돼 b1의 x값도 1에서 4로 바뀐다.

```python
class Borg:
    __shared_state = {"1":"2"}
    def __init__(self):
        self.x = 1
        self.__dict__ = self.__shared_state
        pass

b = Borg()
b1 = Borg()
b.x = 4

print("Borg Object 'b': ", b) ## b와 b1은 다른 객체다.
print("Borg Object 'b1': ", b1)
print("Object State 'b':", b.__dict__) ## b와 b1은 상태를 공유한다.
print("Object State 'b1':", b1.__dict__)
```

위 코드를 실행한 결과는 다음과 같다.

```
Borg Object 'b':  <__main__.Borg object at 0x102078da0>
Borg Object 'b1':  <__main__.Borg object at 0x102078dd8>
Object State 'b': {'x': 4, '1': '2'}
Object State 'b1': {'x': 4, '1': '2'}
```

다음과 같이 __new__ 메소드를 사용해 구현하는 방법도 있다. __new__는 객체 인스턴스를 생성하는 메소드다.

```
class Borg(object):
    _shared_state = {}
    def __new__(cls, *args, **kwargs):
        obj = super(Borg, cls).__new__(cls, *args, **kwargs)
        obj.__dict__ = cls._shared_state
        return obj
```

▌싱글톤과 메타클래스

메타클래스[Metaclass]는 클래스의 클래스다. 즉 클래스는 자신의 메타클래스의 인스턴스다. 메타클래스를 사용하면 이미 정의된 파이썬 클래스를 통해 새로운 형식의 클래스를 생성할 수 있다. 예를 들어 MyClass라는 객체가 있다면 MyKls라는 메타클래스를 생성해 MyClass의 행위를 재정의할 수 있다. 더 자세하게 알아보자.

파이썬에서 모든 것은 객체다. a=5라면 type(a)는 <type 'int'>를 반환한다. a는 int형 변수라는 뜻이다. 하지만 type(int)는 <type 'type'>을 반환한다. int의 메타클래스는 type 클래스라는 의미다.

클래스는 메타클래스가 정의한다. 클래스 A의 객체를 초기화하면 파이썬은 내부적으로 A = type(name, bases, dict)을 수행한다.

- name: 클래스명
- base: 기본 클래스
- dict: 클래스 속성

클래스에 이미 메타클래스 ^MetaKls^가 정의된 경우, 파이썬은 A = MetaKls(name, bases, dict)를 실행해 클래스를 생성한다.

다음은 파이썬 3.5로 메타클래스를 구현한 코드다.

```python
class MyInt(type):
    def __call__(cls, *args, **kwds):
        print("***** Here's My int *****", args)
        print("Now do whatever you want with these objects...")
        return type.__call__(cls, *args, **kwds)

class int(metaclass=MyInt):
    def __init__(self, x, y):
        self.x = x
        self.y = y


i = int(4,5)
```

위 코드를 실행한 결과는 다음과 같다.

```
***** Here's My int ***** (4, 5)
Now do whatever you want with these objects...
```

__call__ 메소드는 이미 존재하는 클래스의 객체를 생성할 때 호출되는 파이썬의 특수 메소드다. 위 처럼 int(4,5)로 int 클래스를 생성하면 MyInt 메타클래스의 __call__ 메소드가 호출된다. 객체 생성을 메타클래스가 제어한다는 의미다. 놀랍지 않은가?

이 개념은 싱글톤 디자인 패턴에도 적용될 수 있다. 메타클래스는 클래스 생성과 객체 초기화를 더 세부적으로 제어할 수 있기 때문에, 싱글톤 생성에도 사용될 수 있다 (메타클래스는 __new__와 __init__ 메소드를 오버라이드해 클래스의 생성과 초기화를 제어한다).

다음은 메타클래스를 사용해 싱글톤 패턴을 구현한 예제다.

```
class MetaSingleton(type):
    _instances = {}
    def __call__(cls, *args, **kwargs):
        if cls not in cls._instances:
            cls._instances[cls] = super(MetaSingleton,\
                cls).__call__(*args, **kwargs)
        return cls._instances[cls]

class Logger(metaclass=MetaSingleton):
    pass

logger1 = Logger()
logger2 = Logger()
print(logger1, logger2)
```

▌ 싱글톤 패턴 사용 사례 1

데이터베이스 기반 애플리케이션에서 싱글톤 패턴을 적용한 사례를 살펴보자. 데이터베이스에서 데이터를 읽고 쓰는 클라우드 서비스를 예로 들겠다. 이 클라우드 서비스에는 데이터베이스에 접근하는 여러 모듈이 있다. UI(웹 앱)에서 직접 DB 연산을 수행하는 API를 호출한다.

여러 서비스가 한 개의 DB를 공유하는 구조다. 안정된 클라우드 서비스를 설계하려면 다음 사항들을 반드시 명심해야 한다.

- 데이터베이스 작업 간에 일관성이 유지돼야 한다. 작업 간 충돌이 발생하지 않아야 한다.
- 다수의 DB 연산을 처리하려면 메모리와 CPU를 효율적으로 사용해야 한다.

파이썬으로 다음과 같이 구현할 수 있다.

```python
import sqlite3
class MetaSingleton(type):
    _instances = {}
    def __call__(cls, *args, **kwargs):
        if cls not in cls._instances:
            cls._instances[cls] = super(MetaSingleton, cls).__call__(*args, \
                **kwargs)
        return cls._instances[cls]

class Database(metaclass=MetaSingleton):
  connection = None
  def connect(self):
    if self.connection is None:
        self.connection = sqlite3.connect("db.sqlite3")
        self.cursorobj = self.connection.cursor()
    return self.cursorobj

db1 = Database().connect()
db2 = Database().connect()

print ("Database Objects DB1", db1)
print ("Database Objects DB2", db2)
```

위 코드의 실행 결과는 다음과 같다.

```
Database Objects DB1 <sqlite3.Cursor object at 0x102464570>
Database Objects DB2 <sqlite3.Cursor object at 0x102464570>
```

위 코드를 살펴보자.

1. MetaSingleton이라는 메타클래스를 생성한다. 앞서 설명했듯이 __call__ 파이썬 메소드를 사용해 싱글톤을 생성한다.

2. Database 클래스의 메타클래스는 MetaSingleton이기 때문에 싱글톤이다. Database 클래스를 초기화하면 하나의 객채가 생성된다.

3. 웹 앱이 DB 연산을 요청할 때마다 Database 클래스가 초기화되지만 내부적으로 하나의 객체만 생성된다. 따라서 데이터베이스에 대한 작업은 모두 동기화된다. 나아가 시스템 리소스를 적게 사용하기 때문에 메모리와 CPU 사용량이 높지 않다.

이제 단일 웹 앱 형태가 아닌 여러 웹 앱이 같은 DB에 접속하는 상황을 생각해보자. 이 경우 각 웹 앱이 DB에 접근하는 싱글톤을 생성하기 때문에 싱글톤 패턴에 적합하지 않다. DB 작업이 동기화되지 않고 리소스 사용량이 증가한다. 싱글톤 패턴보다 연결 풀링Connection Pooling 기법을 사용하는 것이 더 효율적이다.

▌ 싱글톤 패턴 사용 사례 2

인프라 상태를 확인하는 서비스(예를 들어 Nagios)를 구현해보자. 우선 HealthCheck 클래스를 싱글톤으로 구현한다. 상태를 확인해야 하는 서버의 목록을 만들고 목록에서 제거된 서버의 상태는 확인하지 않는다.

다음 코드를 보면 hc1과 hc2는 동일한 객체다.

addServer() 메소드는 서버를 목록에 추가한다. 서비스는 목록의 각 서버의 상태를 확인한다. changeServer() 메소드는 서버를 목록에서 제거하고 새로운 서버를 추가한다. 따라서 서비스가 두 번째 실행될 때는 바뀐 서버 목록을 참조한다.

위 로직을 싱글톤 패턴으로 구현해보자. 서버가 추가 또는 제거되면 각 HealthCheck 객체는 똑같이 바뀐 목록을 참조해야 한다.

```
class HealthCheck:
    _instance = None
```

```
        def __new__(cls, *args, **kwargs):
            if not HealthCheck._instance:
                HealthCheck._instance = super(HealthCheck, \
                    cls).__new__(cls, *args, **kwargs)
            return HealthCheck._instance
        def __init__(self):
            self._servers = []
        def addServer(self):
            self._servers.append("Server 1")
            self._servers.append("Server 2")
            self._servers.append("Server 3")
            self._servers.append("Server 4")
        def changeServer(self):
            self._servers.pop()
            self._servers.append("Server 5")


hc1 = HealthCheck()
hc2 = HealthCheck()

hc1.addServer()
print("Schedule health check for servers (1)..")
for i in range(4):
    print("Checking ", hc1._servers[i])

hc2.changeServer()
print("Schedule health check for servers (2)..")
for i in range(4):
    print("Checking ", hc2._servers[i])
```

실행 결과는 다음과 같다.

```
Schedule health check for servers (1)..
Checking  Server 1
Checking  Server 2
Checking  Server 3
Checking  Server 4
Schedule health check for servers (2)..
Checking  Server 1
Checking  Server 2
Checking  Server 3
Checking  Server 5
```

▌ 싱글톤 패턴의 단점

싱글톤 패턴은 효율적이지만 단점도 있다. 싱글톤의 단일 전역 객체는 다음과 같은 문제점이 있다.

- 전역 변수의 값이 실수로 변경된 것을 모르고 애플리케이션의 다른 부분에서 사용될 수 있다.
- 같은 객체에 대한 여러 참조자가 생길 수 있다. 싱글톤은 하나의 객체만을 생성하기 때문에 같은 객체를 참조하는 여러 개의 참조자가 생긴다.
- 전역 변수를 수정하면 족송된 모든 클래스에 의도하지 않은 영향을 줄 수 있다.

지금까지 몇 가지 종류의 싱글톤 패턴을 살펴봤다. 싱글톤의 특성은 다음과 같다.

- 애플리케이션을 개발할 때 스레드 풀과 캐시, 대화 상자, 레지스트리 설정 등 한 개의 객체만 필요한 경우가 많다. 이런 상황에서 여러 개의 객체를 생성하는 것은 리소스 낭비다. 따라서 싱글톤 패턴이 적합하다.
- 싱글톤은 글로벌 액세스 지점을 제공하는, 단점이 거의 없는 검증된 패턴이다.
- 단점은 전역 변수 사용이 문제가 될 수 있으며, 결국 사용하지 않을 클래스를 불필요하게 초기화할 수 있다는 것이다.

▌ 정리

2장에서는 싱글톤 디자인 패턴이 무엇이고 어떤 맥락에서 사용되는지 알아봤다. 싱글톤은 클래스 객체가 한 개만 필요한 경우에 적합하다.

파이썬으로 싱글톤 패턴을 구현하는 여러 가지 방법도 알아봤다. 일반적인 구현 방식은 클래스 객체를 여러 번 생성해도 한 개의 객체만을 반환하는 것이다.

싱글톤 패턴의 변형인 보그 또는 모노스테이트 패턴도 설명했다. 싱글톤과는 달리

보그는 상태를 공유하는 여러 개의 객체를 생성한다.

나아가 일관된 데이터베이스 연산을 제공하는 웹 앱을 싱글톤 패턴으로 구현했다.

마지막으로 싱글톤이 적합하지 않은 경우와 구현 시 개발자가 조심해야 하는 부분도 설명했다.

이제 다른 생성 패턴에 대해 학습할 준비가 충분히 됐을 것이다.

3장에서는 또 다른 생성 패턴인 팩토리 패턴[The Factory Pattern]을 소개한다. Factory 메소드와 추상 팩토리 패턴을 설명하고 파이썬으로 구현해본다.

03

팩토리 패턴 -
팩토리를 사용해 객체 생성하기

2장에서는 싱글톤 디자인 패턴을 소개했다. 싱글톤 디자인 패턴이 무엇이고 실제로 어떻게 사용되는지 알아보고, 파이썬으로 예제를 구현했다. 싱글톤 디자인 패턴은 생성 디자인 패턴의 한 종류다. 3장에서는 또 다른 생성 패턴인 팩토리 패턴^{The Factory Pattern}을 소개한다.

팩토리 패턴은 가장 많이 쓰이는 디자인 패턴이다. 3장에서는 팩토리 패턴에 대한 개요와 간단한 팩토리 패턴 예제를 살펴본다. 팩토리 메소드 패턴^{The Factory Method Pattern}과 추상 팩토리 패턴^{The Abstract Factory Pattern}을 UML 다이어그램으로 표현하고 파이썬 3.5로 작성해본다.

3장에서 알아볼 내용은 다음과 같다.

- 심플 팩토리 패턴 개요

- 팩토리 메소드와 추상 팩토리 메소드의 차이점
- 파이썬으로 사용 예제 구현
- 패턴의 장단점과 비교

▌ 팩토리 패턴 개요

객체지향 프로그래밍에서 팩토리^{Factory}란 다른 클래스의 객체를 생성하는 클래스를 일컫는다. 일반적으로 팩토리는 객체와 관련 메소드로 구성돼 있다. 클라이언트는 특정 인자와 함께 메소드를 호출하고 팩토리는 해당 객체를 생성하고 반환한다.

클라이언트가 직접 객체를 생성할 수 있는데 팩토리가 필요한 이유는 다음과 같다.

- 객체 생성과 클래스 구현을 나눠 상호 의존도를 줄인다.
- 클라이언트는 생성하려는 객체 클래스 구현과 상관없이 사용할 수 있다. 객체를 생성할 때 필요한 인터페이스와 메소드, 인자 등의 정보만 있으면 된다. 따라서 클라이언트의 일이 줄어든다.
- 코드를 수정하지 않고 간단하게 팩토리에 새로운 클래스를 추가할 수 있다. 인자 추가가 전부인 경우도 있다.
- 이미 생성된 객체를 팩토리가 재활용할 수 있다. 클라이언트가 직접 객체를 생성하는 경우 매번 새로운 객체가 생성된다.

자동차나 인형 같은 완구를 제조하는 공장을 예로 들어보자. 이 업체는 자동차 장난감만 제조해왔지만 인형에 대한 시장의 수요가 늘어나는 상황을 고려해 CEO는 급히 인형도 제조하기로 결정했다. 팩토리 패턴이 적합한 상황이다. 이 경우 공장의 제조 기계는 인터페이스이고 CEO는 클라이언트다. CEO는 제조하려는 객체(완제품)와 제품을 만드는 인터페이스(생산 기계)에 대해서만 알고 있다.

팩토리 패턴에는 다음 세 가지 유형이 있다.

- **심플 팩토리 패턴** Simple Factory Pattern: 인터페이스는 객체 생성 로직을 숨기고 객체를 생성한다.
- **팩토리 메소드 패턴** Factory Method Pattern: 인터페이스를 통해 객체를 생성하지만 서브 클래스가 객체 생성에 필요한 클래스를 선택한다.
- **추상 팩토리 패턴** Abstract Factory Pattern: 추상 팩토리는 객체 생성에 필요한 클래스를 노출하지 않고 객체를 생성하는 인터페이스다. 내부적으로 다른 팩토리 객체를 생성한다.

▌ 심플 팩토리 패턴

심플 팩토리 패턴은 하나의 패턴으로 인정하지 않기도 해서 팩토리 메소드와 추상 팩토리 메소드 패턴을 이해하기 위한 기본 개념 정도로 생각하면 된다. 팩토리를 사용하면 여러 종류의 객체를 사용자가 직접 클래스를 호출하지 않고 생성할 수 있다.

다음 그림은 위에서 말한 개념을 설명한다. 클라이언트 클래스는 create_type( ) 메소드가 있는 팩토리 클래스를 사용한다. 클라이언트가 타입을 명시해 create_type( ) 메소드를 호출하면 팩토리는 Product1 또는 Product2를 반환한다.

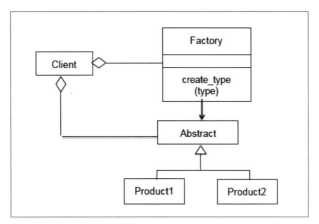

심플 팩토리의 UML 다이어그램

이제 파이썬 3.5로 심플 팩토리 패턴을 작성해보자. 다음은 Animal이라는 상품을 추상화한 코드다. Animal은 추상 기본 클래스(ABCMeta는 파이썬에서 특정 클래스를 Abstract로 선언하는 특수 메타클래스)이고 do_say() 메소드를 포함한다. Animal 인터페이스를 사용해 Cat과 Dog라는 상품 객체를 생성하고 각 동물의 울음소리를 출력하는 do_say() 함수를 구현한다. ForestFactory 팩토리에는 make_sound() 함수가 있다. 클라이언트가 전달한 인자에 따라 해당 Animal 인스턴스가 런타임에 생성되고 울음소리를 출력한다.

```python
from abc import ABCMeta, abstractmethod

class Animal(metaclass = ABCMeta):
    @abstractmethod
    def do_say(self):
        pass

class Dog(Animal):
    def do_say(self):
        print("Bhow Bhow!!")
```

```
class Cat(Animal):
    def do_say(self):
        print("Meow Meow!!")

## forest factory 정의
class ForestFactory(object):
    def make_sound(self, object_type):
        return eval(object_type)().do_say()

## 클라이언트 코드
if __name__ == '__main__':
    ff = ForestFactory()
    animal = input("Which animal should make_sound Dog or Cat?")
    ff.make_sound(animal)
```

위 코드의 실행 결과는 다음과 같다.

```
Which animal should make_sound Dog or Cat?Cat
Meow Meow!!
```

▌ 팩토리 메소드 패턴

다음은 팩토리 메소드 패턴의 개념을 이해하는 데 필요한 내용이다.

- 인터페이스를 통해 객체를 생성하지만 팩토리가 아닌 서브 클래스가 해당 객체 생성을 위해 어떤 클래스를 호출할지 결정한다.
- 팩토리 메소드는 인스턴스화가 아닌 상속을 통해 객체를 생성한다.
- 팩토리 메소드 디자인은 유동적이다. 심플 팩토리 메소드와는 다르게 특정 객체 대신 인스턴스나 서브 클래스 객체를 반환할 수 있다.

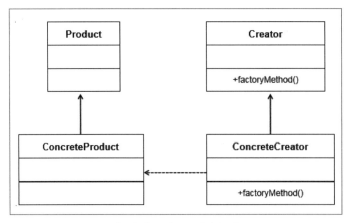

팩토리 메소드의 UML 다이어그램

위 UML 다이어그램을 보면 factoryMethod( ) 메소드를 포함하는 Creator 추상 클래스가 있다. factoryMethod( ) 메소드는 객체 생성을 담당한다. ConcreteCreator 클래스의 factoryMethod( )는 Creator 추상 클래스의 메소드를 구현하고 생성된 객체를 런타임에 변환한다. ConcreteCreator는 ConcreteProduct를 생성하고 생성된 객체가 Product 클래스를 상속받아 Product 인터페이스의 모든 함수를 포함시킨다.

정리하자면 Creator 인터페이스의 factoryMethod( )와 ConcreteCreator 클래스는 Product 클래스의 어떤 서브 클래스를 생성할지를 결정한다. 즉, 팩토리 메소드 패턴은 객체를 생성하는 인터페이스를 정의하고 어떤 클래스를 초기화할지는 서브 클래스의 결정에 맡긴다.

팩토리 메소드 구현

실제 사례를 기반으로 팩토리 메소드를 구현해보자. 링크드인이나 페이스북 같은 소셜 네트워크에 특정 사용자나 기업의 프로필을 작성하는 경우를 생각해보자. 프로필에는 여러 섹션이 있다. 링크드인에는 출원한 특허나 출판 경력을 기입할 수 있고 페이스북에는 최근에 다녀온 여행지에서 찍은 사진을 올릴 수 있다. 두 서비스에 공통적으로 기입해야 하는 개인 정보도 있다. 이렇게 서비스 종류에 따라 알맞은 내용을 포함하는 프로필을 생성하는 프로그램을 구현해보자.

다음 코드를 살펴보자. 우선 Product 인터페이스를 선언한다. Section 추상 클래스는 프로필의 각 섹션을 나타낸다. 간단하게 describe() 추상 메소드만 포함한다.

이제 ConcreteProduct 클래스에 해당되는 PersonalSection, AlbumSection, PatentSection, PublicationSection 클래스를 선언한다. 각 클래스에는 해당 섹션명을 출력하는 describe() 메소드가 있다.

```python
from abc import ABCMeta, abstractmethod

class Section(metaclass=ABCMeta):
    @abstractmethod
    def describe(self):
        pass

class PersonalSection(Section):
    def describe(self):
        print("Personal Section")

class AlbumSection(Section):
    def describe(self):
        print("Album Section")

class PatentSection(Section):
    def describe(self):
        print("Patent Section")

class PublicationSection(Section):
    def describe(self):
        print("Publication Section")
```

Creator 추상 클래스를 Profile이라는 이름으로 선언하자. Profile[Creator] 추상 클래스는 createProfile() 팩토리 메소드를 제공한다. createProfile() 메소드는

ConcreteClass 클래스를 통해 알맞은 섹션을 포함한 프로필을 생성한다. Profile 추상 클래스에는 각 프로필에 들어갈 섹션에 대한 정보가 없다. 예를 들어 페이스북 프로필에는 개인 정보와 앨범 섹션이 있듯이 서브 클래스가 이를 결정한다.

linkedin과 facebook이라는 두 개의 ConcreteCreator 클래스를 생성하고 각 클래스에 여러 섹션(ConcreteProducts)을 생성하는 createProfile() 추상 메소드를 구현한다.

```python
class Profile(metaclass=ABCMeta):
    def __init__(self):
        self.sections = []
        self.createProfile()
    @abstractmethod
    def createProfile(self):
        pass
    def getSections(self):
        return self.sections
    def addSections(self, section):
        self.sections.append(section)


class linkedin(Profile):
    def createProfile(self):
        self.addSections(PersonalSection())
        self.addSections(PatentSection())
        self.addSections(PublicationSection())


class facebook(Profile):
    def createProfile(self):
        self.addSections(PersonalSection())
        self.addSections(AlbumSection())
```

마지막으로 알맞은 Creator 클래스를 호출해 원하는 프로필을 작성하는 클라이언트를 작성한다.

```
if __name__ == '__main__':
    profile_type = input("Which Profile you'd like to create?
[LinkedIn or FaceBook]")
    profile = eval(profile_type.lower())()
    print("Creating Profile..", type(profile).__name__)
    print("Profile has sections --", profile.getSections())
```

위 코드를 실행하면 프로필명 입력을 요구한다. 다음 그림처럼 Facebook을 입력하면 facebook[ConcreteCreator] 클래스가 생성된다. 내부적으로는 ConcreteProduct 인 PersonalSection과 AlbumSection이 생성된다. LinkedIn을 입력하면 PersonalSection과 PatentSection, PublicationSection이 생성된다.

실행 결과는 다음과 같다.

```
Which Profile you'd like to create? [LinkedIn or FaceBook]FaceBook
Creating Profile.. facebook
Profile has sections -- [<__main__.PersonalSection object at 0x101988b00>, <__main__.AlbumSection object at 0x101988b38>]
```

팩토리 메소드 패턴의 장점

앞서 팩토리 메소드 패턴의 개념과 구현 방법을 설명했다. 이 패턴의 장점은 다음과 같다.

- 특정 클래스에 종속적이지 않기 때문에 개발 및 구현이 쉽다. ConcreProduct 가 아닌 인터페이스(Product)에 의존한다.

- 객체를 생성하는 코드와 활용하는 코드를 분리해 의존성이 줄어든다. 클라이언트는 어떤 인자를 넘겨야하고, 어떤 클래스를 생성해야 하는지 걱정할 필요가 없다. 어떤 클래스가 생성되는지 알 필요가 없다. 새로운 클래스를 쉽게 추가할 수 있고, 유지보수가 쉽다.

▌추상 팩토리 패턴

추상 팩토리 패턴의 주목적은 클래스를 직접 호출하지 않고 관련된 객체를 생성하는 인터페이스를 제공하는 것이다. 팩토리 메소드가 인스턴스 생성을 서브 클래스에게 맡기는 반면 추상 팩토리 메소드는 관련된 객체의 집합을 생성한다.

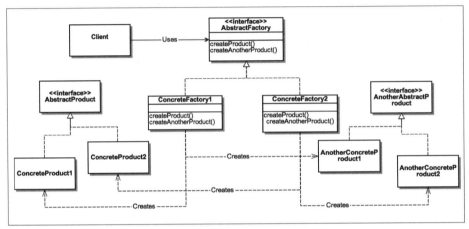

추상 팩토리 패턴의 UML 다이어그램

위 그림에서 볼 수 있듯이 ConcreteFactory1과 ConcreteFactory2는 AbstractFactory 인터페이스에서 생성된다. 이 인터페이스에는 여러 상품을 생성하는 메소드가 있다.

ConcreteFactory1과 ConcreteFactory2는 AbstractFactory를 상속받고 ConcreteProduct1과 ConcreteProduct2, AnotherConcreteProduct1, AnotherConcreteProduct2 인스턴스를 생성한다.

ConcreteProduct1과 ConcreteProduct2는 AbstractProduct 인터페이스에서 생성되고 AnotherConcreteProduct1과 AnotherConcreteProduct2는 AnotherAbstractProduct 인터페이스에서 생성된다.

추상 팩토리 패턴에서 클라이언트는 객체 생성 로직과 상관없이 생성된 객체를 사용한다. 클라이언트는 오직 인터페이스를 통해 객체에 접근할 수 있다. 객체 집단 중 일부가 필요할 때는 추상 팩토리 패턴을 통해 접근할 수 있다. 예를 들어 애플리케이션이 플랫폼 독립적이라면 OS나 파일 시스템 호출 등의 종속성을 없애야 한다. 추상 팩토리 패턴은 플랫폼에 필요한 서비스 생성을 알아서 처리하기 때문에 클라이언트는 플랫폼에 종속된 객체를 직접 생성할 필요가 없다.

추상 팩토리 패턴 구현

단골 피자 가게를 예로 들어보자. 여러 종류의 피자를 판매한다. 당장 피자를 주문하고 싶겠지만 우선 다음 예제부터 살펴보자.

맛있는 인도식 피자와 미국식 피자를 판매하는 식당을 연다고 상상해보자. 우선 추상 기본 클래스 PizzaFactory(앞 UML의 AbstractFactory에 해당)를 선언한다. PizzaFactory 클래스에는 ConcreteFactory가 상속받을 createVegPizza()와 createNonVegPizza(), 두 개의 추상 메소드가 있다. 이번 예제에서는 IndianPizzaFactory와 USPizzaFactory를 생성한다.

```python
from abc import ABCMeta, abstractmethod

class PizzaFactory(metaclass=ABCMeta):

    @abstractmethod
    def createVegPizza(self):
        pass

    @abstractmethod
    def createNonVegPizza(self):
        pass

class IndianPizzaFactory(PizzaFactory):

    def createVegPizza(self):
```

```
            return DeluxVeggiePizza()

        def createNonVegPizza(self):
            return ChickenPizza()

class USPizzaFactory(PizzaFactory):

        def createVegPizza(self):
            return MexicanVegPizza()

        def createNonVegPizza(self):
            return HamPizza()
```

이제 AbstractProduct를 선언하자. 다음 코드를 보면 VegPizza와 NonVegPizza (UML의 AbstractProduct와 AnotherAbstractProduct에 해당) 추상 클래스가 있다. 각 클래스에는 prepare()와 serve() 메소드가 선언돼 있다.

이 예제의 핵심은 채식 피자는 크러스트와 채소, 양념으로 조리하고 일반 피자는 비채식 토핑을 채식 피자 위에 첨가해 조리한다는 것이다.

각 AbstractProduct별로 ConcreteProducts를 선언한다. DeluxVeggiePizza와 MexicanVegPizza를 선언하고 prepare() 메소드를 구현한다. UML 다이어그램의 ConcreteProduct1과 ConcreteProduct2가 이 클래스에 해당된다.

ChickenPizza와 HamPizza를 선언하고 serve() 메소드를 구현할 것이다. 두 객체는 AnotherConcreteProduct1과 AnotherConcreteProduct2에 해당된다.

```
class VegPizza(metaclass=ABCMeta):
    @abstractmethod
    def prepare(self, VegPizza):
        pass

class NonVegPizza(metaclass=ABCMeta):
    @abstractmethod
```

```python
    def serve(self, VegPizza):
        pass

class DeluxVeggiePizza(VegPizza):
    def prepare(self):
        print("Prepare ", type(self).__name__)

class ChickenPizza(NonVegPizza):
    def serve(self, VegPizza):
        print(type(self).__name__, " is served with Chicken on ",
            type(VegPizza).__name__)

class MexicanVegPizza(VegPizza):
    def prepare(self):
        print("Prepare ", type(self).__name__)

class HamPizza(NonVegPizza):
    def serve(self, VegPizza):
        print(type(self).__name__, " is served with Ham on ",
            type(VegPizza).__name__)
```

사용자가 PizzaStore에 접근해 비채식 미국식 피자를 요청하면 USPizzaFactory가
채식 피자를 준비하고 햄 토핑을 얹어 비채식 피자를 제공한다.

```python
class PizzaStore:
    def __init__(self):
        pass

    def makePizzas(self):
        for factory in [IndianPizzaFactory(), USPizzaFactory()]:
            self.factory = factory
            self.NonVegPizza = self.factory.createNonVegPizza()
            self.VegPizza = self.factory.createVegPizza()
            self.VegPizza.prepare()
            self.NonVegPizza.serve(self.VegPizza)
```

```
pizza = PizzaStore()
pizza.makePizzas()
```

실행 결과는 다음과 같다.

```
Prepare  DeluxVeggiePizza
ChickenPizza  is served with Chicken on  DeluxVeggiePizza
Prepare  MexicanVegPizza
HamPizza  is served with Ham on  MexicanVegPizza
```

█ 팩토리 메소드 vs 추상 팩토리 메소드

팩토리 메소드와 추상 팩토리 메소드를 비교해보자.

팩토리 메소드	추상 팩토리 메소드
객체 생성에 필요한 메소드가 사용자에게 노출된다.	관련된 객체 집단을 생성하기 위해 한 개 이상의 팩토리 메소드가 필요하다.
어떤 객체를 생성할지 결정하는 상속과 서브 클래스가 필요하다.	다른 클래스 객체를 생성하기 위해 컴포지션composition을 사용한다.
한 개의 객체를 생성하는 팩토리 메소드를 사용한다.	관련된 객체 집단을 생성한다.

█ 정리

3장에서는 팩토리 디자인 패턴의 개념과 사용 예제를 살펴봤다. 이제 팩토리가 무엇인지 또 소프트웨어 설계에서 어떻게 사용되는지 이해했을 것이다.

런타임에 클라이언트가 인자로 넘긴 객체형을 기반으로 인스턴스를 생성하는 심플 팩토리를 살펴봤다.

심플 팩토리의 변형인 팩토리 메소드 패턴도 알아봤다. 인터페이스를 통해 객체를 생성하지만 실제 생성은 서브 클래스가 담당한다.

추상 팩토리 메소드는 콘크리트 클래스를 명시하지 않고 관련된 객체의 집단을 생성한다.

위 3개 패턴을 파이썬으로 구현해봤고 팩토리 메소드와 추상 팩토리 메소드의 차이점도 설명했다.

이제 또 다른 패턴을 공부할 준비가 충분히 됐을 것이다.

04

퍼사드의 다양성

3장에서 팩토리 디자인 패턴을 학습했다. 심플 팩토리와 팩토리 메소드, 추상 팩토리 패턴 3가지 패턴을 살펴보고 각 패턴이 실제로 어떻게 쓰이는지 파이썬 코드로 구현해봤다. 또 팩토리 메소드와 추상 팩토리 패턴의 장단점을 비교해봤다. 팩토리 디자인과 싱글톤 디자인(2장, '싱글톤 디자인 패턴')은 생성 디자인 패턴이다.

4장에서는 또 다른 종류의 디자인 패턴인 구조 디자인 패턴The Structural Design Pattern을 소개한다. 퍼사드 디자인 패턴The Façade Design Pattern이 무엇이고 이 패턴이 실제 소프트웨어 개발 환경에서 어떻게 쓰이는지 알아보자. 모든 사용 예제는 파이썬 3.5로 작성한다.

4장에서 알아볼 내용은 다음과 같다.

- 구조 디자인 패턴 개요

- 퍼사드 디자인 패턴의 UML 다이어그램
- 파이썬 3.5로 사용 예제 구현
- 퍼사드 디자인 패턴 개요

▌구조 디자인 패턴 개요

다음은 구조 디자인 패턴을 이해하는 데 꼭 숙지해야 할 내용이다.

- 구조 디자인 패턴은 객체와 클래스를 병합해 더 큰 구조를 만든다.
- 개체의 관계를 더 쉽게 식별할 수 있는 디자인 패턴이다. 개체란 객체지향 개념에서의 객체나 클래스를 가리킨다.
- 클래스 패턴 Class Pattern은 상속을 통해 추상화해 인터페이스를 제공하는 반면에 객체 패턴 Object Pattern은 한 개의 객체를 더 큰 객체로 확장시킨다. 구조 패턴은 클래스 패턴과 객체 패턴을 합친 패턴이다.

다음은 구조 패턴의 몇 가지 예다. 설계상 목적 또는 복잡도에 따라 객체 또는 클래스 간 상호 작용이 생긴다.

- **어댑터 패턴**The Adapter Pattern: 클라이언트의 요구에 따라 특정 인터페이스를 다른 인터페이스에 맞춘다. 서로 다른 클래스의 인터페이스를 목적에 맞춰 변환한다.
- **브릿지 패턴**The Bridge Pattern: 객체의 인터페이스와 구현을 분리해 독립적으로 동작할 수 있게 한다.
- **데코레이터 패턴**The Decorator Pattern: 런타임에 객체의 책임을 덧붙인다. 인터페이스를 통해 객체에 속성을 추가한다.

4장에서는 몇 가지 구조 패턴을 소개할 것이다. 우선 퍼사드 패턴을 살펴보자.

▌ 퍼사드 디자인 패턴 개요

퍼사드^{façade}란 건물의 정면, 특히 돋보이는 쪽을 의미한다. 인간의 감정이나 상태에 반대되는 행동이나 외관을 의미하기도 한다. 우리는 보통 건물을 지나갈 때 멋진 외관에만 신경 쓰지 복잡한 내부 구조에 대해서는 신경 쓰지 않는다. 이것이 퍼사드 패턴의 핵심이다. 복잡한 내부 시스템 로직을 감추고 클라이언트가 쉽게 시스템에 접근할 수 있는 인터페이스를 제공한다.

상점을 예로 들어보자. 상점의 구조를 전혀 모르는 고객이 물품을 구입하러 상점을 방문했다. 일반적으로 상점에 대해 잘 알고 있는 주인에게 먼저 갈 것이다. 주인은 고객이 요청한 물품을 찾아 고객에게 건넨다. 간단한 원리다. 고객은 상점 구조를 몰라도 인터페이스 역할을 하는 주인을 통해 목적을 달성한다.

퍼사드 디자인 패턴의 목적은 다음과 같다.

- 서브시스템의 인터페이스를 통합시킨 단일 인터페이스를 제공해 클라이언트가 쉽게 서브시스템에 접근할 수 있게 한다.
- 단일 인터페이스 객체로 복잡한 서브시스템을 대체한다. 서브시스템을 캡슐화하는 것이 아니라 모든 서브시스템들을 결합한다.
- 클라이언트와 내부 구현을 분리한다.

▌ UML 클래스 다이어그램

UML 다이어그램을 보면서 퍼사드 패턴에 대해 더 자세히 알아보자.

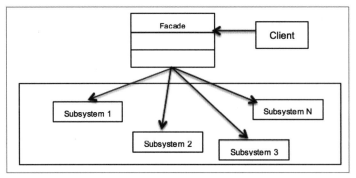

퍼사드 패턴의 UML 클래스 다이어그램

위 다이어그램을 보면 총 3개의 구성원이 있다.

- **퍼사드**: 외부에서 보기에 깔끔하도록 복잡한 서브시스템을 감싸는 역할을 한다.
- **시스템**: 전체 시스템을 하나의 복잡한 복합체로 만드는 여러 서브시스템의 집합이다.
- **클라이언트**: 퍼사드를 통해 서브시스템과 통신한다. 복잡한 시스템 구조에 대해 전혀 알 필요가 없다.

한 개씩 자료구조 관점에서 이해해보자.

퍼사드

퍼사드의 역할은 다음과 같다.

- 어떤 서브시스템이 요청에 알맞는지 알고 있는 인터페이스다.
- 컴포지션을 통해 클라이언트의 요청을 적합한 서브시스템 객체에 전달한다.

클라이언트가 특정 작업을 수행할 때 모든 관련 서브시스템에 요청하지 않고 메인 인터페이스(퍼사드)에만 요청을 보내면 된다.

시스템

퍼사드 관점에서 시스템은 다음과 같은 역할을 하는 개체다.

- 서브시스템의 기능을 구현하는 클래스다. 이상적으로 시스템은 각기 다른 역할을 하는 클래스의 집합이다.
- 퍼사드 객체가 지시한 일을 담당하지만 퍼사드의 존재도 모르며 참조하지도 않는다.

클라이언트가 퍼사드에 특정 서비스를 요청하면 퍼사드는 알맞은 서브시스템을 선택하고 반환한다.

클라이언트

클라이언트는 다음과 같이 정의한다.

- 클라이언트는 퍼사드를 인스턴스화하는 클래스다.
- 퍼사드에 서브시스템을 통해 작업을 수행하도록 요청한다.

▌퍼사드 패턴 구현

퍼사드 패턴이 적용되는 과정을 이해하기 위해 실생활에서 예제를 찾아보자.

당신은 가까운 친척의 결혼 준비를 도와주기로 했다. 보통 일이 아니다. 호텔이나 예식장 예약부터 음식, 꽃 장식, 축가까지 많은 것을 준비해야 한다.

과거에는 관련 업체 연락 및 조율, 가격 흥정 등을 모두 직접 해야 했지만 이제 매우 간단해졌다. 이 모든 것을 대신 처리해줄 웨딩플래너만 찾으면 된다. 각 업체에 연락하고 최적의 계획을 짜주는 고마운 존재다.

이 상황을 퍼사드 패턴의 관점에서 본다면 다음과 같다.

- **클라이언트**: 결혼식 전까지 모든 준비를 마쳐야 하는 당신이다. 하객들이 만족할 만한 최고 수준으로 준비해야 한다.
- **퍼사드**: 음식과 꽃 장식 등을 준비하는 업체와의 조율을 담당하는 웨딩플래너.
- **서브시스템**: 음식과 호텔 예약, 꽃 장식 등을 담당하는 업체들이다.

파이썬 3.5로 위의 상황을 구현해보자. 클라이언트부터 작성한다. 당신은 결혼식이 성공적으로 진행되도록 모든 준비를 담당했다는 것을 기억하라.

앞서 설명했듯이 퍼사드 패턴에서 퍼사드 클래스는 인터페이스를 간소화한다. 이 예제에서는 EventManager가 퍼사드이고 당신의 준비과정을 간소화해준다. 퍼사드는 서브시스템과 협력해 모든 예약과 준비를 대신한다. 다음은 EventManager 클래스를 파이썬으로 구현한 것이다.

```python
class EventManager(object):

    def __init__(self):
        print("Event Manager:: Let me talk to the folks\n")

    def arrange(self):
        self.hotelier = Hotelier()
        self.hotelier.bookHotel()

        self.florist = Florist()
        self.florist.setFlowerRequirements()

        self.caterer = Caterer()
        self.caterer.setCuisine()

        self.musician = Musician()
        self.musician.setMusicType()
```

이제 서브시스템을 구현해보자. 필요한 클래스를 정리해보면 다음과 같다.

- Hotelier 클래스는 호텔 예약을 담당한다. 해당 기간에 예약이 가능한지 확인하는 메소드가 있다(__isAvailable).
- Florist 클래스는 생화장식을 담당한다. setFlowerRequirements() 메소드는 꽃 장식에 어떤 꽃을 사용할지 설정하는 역할을 한다.
- Caterer 클래스는 음식 공급업체와 요리 종류 선정을 담당한다. setCuisine() 메소드는 예식장에서 제공할 요리의 종류를 전달받는다.
- Musician 클래스는 결혼식에서 연주될 음악을 담당한다. setMusicType() 메소드를 통해 어떤 음악을 연주할지 설정한다.

Hotelier 객체와 Florist 객체부터 살펴보자.

```python
class Hotelier(object):
    def __init__(self):
        print("Arranging the Hotel for Marriage? --")

    def __isAvailable(self):
        print("Is the Hotel free for the event on given day?")
        return True

    def bookHotel(self):
        if self.__isAvailable():
            print("Registered the Booking\n\n")

class Florist(object):
    def __init__(self):
        print("Flower Decorations for the Event? --")

    def setFlowerRequirements(self):
        print("Carnations, Roses and Lilies would be used for Decorations\n\n")

class Caterer(object):
```

```
    def __init__(self):
        print("Food Arrangements for the Event --")

    def setCuisine(self):
        print("Chinese & Continental Cuisine to be served\n\n")

class Musician(object):
    def __init__(self):
        print("Musical Arrangements for the Marriage --")

    def setMusicType(self):
        print("Jazz and Classical will be played\n\n")
```

하지만 웨딩플래너에게 이 모든 책임을 맡기기로 결정했었다. 다음 You 클래스를 살펴보자. EventManager 클래스 객체를 생성해 당신이 편히 쉬고 있을 때 모든 준비를 대신하도록 지시한다.

```
class You(object):
    def __init__(self):
        print("You:: Whoa! Marriage Arrangements??!!!")
    def askEventManager(self):
        print("You:: Let's Contact the Event Manager\n\n")
        em = EventManager()
        em.arrange()
    def __del__(self):
        print("You:: Thanks to Event Manager, all preparations done! Phew!")

you = You()
you.askEventManager()
```

위 코드를 실행하면 다음과 같은 결과를 출력한다.

```
You:: Whoa! Marriage Arrangements??!!!
You:: Let's Contact the Event Manager


Event Manager:: Let me talk to the folks

Arranging the Hotel for Marriage? --
Is the Hotel free for the event on given day?
Registered the Booking..


Flower Decorations for the Event? --
Carnations, Roses and Lilies would be used for Decorations


Food Arrangements for the Event --
Chinese & Continental Cuisine to be served


Musical Arrangements for the Marriage --
Jazz and Classical will be played


You:: Thanks to Event Manager, all preparations done! Phew!
```

퍼사드 패턴은 다음과 같은 방법으로 실제 예제에 적용될 수 있다.

- EventManager는 You 클래스를 위해 인터페이스를 간소화해주는 퍼사드다.
- EventManager는 컴포지션을 통해 Hotelier와 Caterer 등의 서브시스템 객체를 생성한다.

▍최소 지식 원칙

앞서 설명했듯이 퍼사드는 서브시스템을 쉽게 사용할 수 있는 통합된 시스템을 제공한다. 클라이언트와 서브시스템을 분리하는 역할도 한다. 퍼사드 패턴은 최소 지식 원칙을 기반으로 한다.

최소 지식 원칙은 상호작용하는 객체를 밀접한 몇 개의 객체로 최소화한다. 이는 다음과 같은 의미를 가진다.

- 시스템을 설계할 때 생성하는 모든 객체가 몇 개의 클래스와 연관되며 어떤 식으로 대화하는지 알아야 한다.
- 원칙에 따라 지나치게 서로 얽혀있는 클래스를 만드는 것을 지양해야 한다.
- 클래스 간의 의존도가 높아질수록 시스템 유지보수가 힘들어진다. 시스템의 한 부분을 수정하면 다른 부분이 의도치 않게 변경될 수 있다. 이런 회귀적인 구조는 피해야 한다.

▎자주 묻는 질문들

Q1 데메테르의 법칙이 무엇이며 팩토리 패턴과는 어떤 연관성이 있는가?

A 데메테르의 법칙은 다음과 같은 디자인 가이드라인이다.

1. 각 유닛은 시스템 내의 다른 유닛에 대해 최소한의 지식만을 가져야 한다.
2. 유닛은 주변의 친구와만 대화해야 한다.
3. 유닛은 자신이 다루는 객체의 세부 사항에 대해 알 필요가 없다.

최소 지식 원칙과 데메테르의 법칙은 동일하며 느슨한 결합Loose Coupling을 원칙으로 한다. 최소 지식 원칙은 이름이 직관적이고 법칙이라는 것은 꼭 필요할 때만 지켜야 하는 일종의 가이드라인으로서 퍼사드 패턴에 적합하다.

Q2 1개의 서브시스템에 여러 퍼사드가 존재해도 되는가?

A 동일한 서브시스템 집단에 한 개 이상의 퍼사드가 있어도 괜찮다.

Q3 최소 지식 원칙의 단점은 무엇인가?

A 퍼사드는 클라이언트와 서브시스템 간의 대화를 간소화하는 인터페이스를 제공한다. 애플리케이션에 필요 없는 여러 개의 인터페이스가 존재하면 시스템의 복잡도가 높아지고 런타임 성능이 저하된다.

Q4 클라이언트가 서브시스템에 직접 접근해도 되는가?

A 직접 접근해도 되지만 퍼사드 패턴은 클라이언트가 서브시스템의 복잡성에 구애받지 않는 간소화된 인터페이스를 제공하는 역할을 한다.

Q5 퍼사드 자체의 기능은 없는가?

A 서브시스템의 특수한 순서를 결정하는 등, 서브시스템에 대한 퍼사드가 자신만의 로직을 포함하는 경우가 있다.

▌정리

구조 디자인 패턴 개요를 설명하며 4장을 시작했다. 퍼사드 디자인 패턴이 어떤 상황에서 쓰이는지도 알아봤다. 퍼사드의 기본 원리와 소프트웨어 설계에서 어떻게 사용되는지 살펴봤다. 퍼사드 디자인 패턴은 클라이언트에게 간소화된 인터페이스를 제공한다. 서브시스템의 복잡성을 줄여 클라이언트의 일을 덜어준다.

퍼사드는 서브시스템을 캡슐화하지 않는다. 클라이언트는 퍼사드를 통하지 않고 자유롭게 서브시스템에 접근할 수 있다. UML 다이어그램으로 패턴을 파악하고 파이썬 3.5로 샘플 코드를 작성해봤다. 최소 지식 원칙이 무엇인지 설명했고 어떻게 퍼사드 디자인 패턴에 적용되는지도 알아봤다.

패턴에 대한 이해를 돕기 위해 몇 가지 자주 묻는 질문에 대한 답을 살펴봤다. 이제 5장에서 더 많은 구조 패턴에 대해 알아보자.

05

프록시 패턴
– 객체 접근 제어

4장에서 구조 패턴과 퍼사드 디자인 패턴에 대해 설명했다. UML 다이어그램을 통해 퍼사드의 개념을 이해했고 파이썬으로 예제를 작성해 사용 사례를 알아봤다. 마지막으로 자주 묻는 질문과 대답을 통해 퍼사드 패턴의 장점과 단점을 알아봤다.

5장에서는 한 단계 나아가 구조 디자인 패턴의 또 다른 종류인 프록시 패턴에 대해 설명한다. 프록시 패턴의 개념을 학습하고 개발 단계에서 어떻게 사용되는지 알아본다. 모든 예제는 파이썬 3.5로 작성한다.

5장에서 알아볼 내용은 다음과 같다.

- 프록시와 프록시 디자인 패턴 개요
- 프록시 패턴의 UML 다이어그램
- 프록시 패턴의 종류

- 파이썬 3.5로 사용 예제 구현
- 프록시 패턴의 장점
- 퍼사드와 프록시 패턴의 비교
- 자주 묻는 질문들

▋ 프록시 디자인 패턴의 개요

일반적으로 프록시란 요청자와 공급자 사이의 중재자를 일컫는다. 요청자는 요청을 하고 공급자는 요청에 맞는 리소스를 전달한다. 웹 관점에서는 프록시 서버가 이에 해당된다. 클라이언트(월드 와이드 웹 사용자)가 특정 웹사이트에 접속하면 우선 프록시 서버에 웹 페이지 등의 리소스를 요청한다. 프록시 서버는 내부적으로 요청을 분석해 알맞은 서버에 요청을 보내고 결과를 받아 클라이언트에게 전달한다. 프록시 서버는 요청을 캡슐화하기 때문에 안전하며 분산 시스템 구조에 적합하다.

디자인 패턴 관점에서 Proxy 클래스는 객체의 인터페이스 역할을 한다. 여기서 객체란 네트워크 연결 또는 메모리, 파일에 저장된 객체 등의 다양한 종류에 해당된다. 정리하자면 Proxy 클래스는 반환해 사용할 객체를 감싸는 포장지 또는 에이전트 객체다. 프록시는 객체 클래스의 구현과 상관없이 감싸려는 객체에 대한 기능을 제공한다. 프록시 패턴의 주목적은 실제 객체에 접근할 수 있는 대리 객체나 껍데기를 제공하는 것이다.

프록시 패턴의 역할은 다음과 같다.

- 복잡한 시스템을 간단하게 표현할 수 있다. 예를 들어 복잡한 계산이나 프로시저를 포함하는 시스템은 클라이언트를 위해 프록시 역할을 하는 인터페이스를 제공해야 한다.
- 객체에 대한 보안을 제공한다. 일반적으로 클라이언트는 객체에 직접 접근

할 수 없다. 이는 객체가 악의적인 활동에 의해 변형될 수 있기 때문이다. 프록시는 객체를 보호하는 방패 역할을 한다.

- 다른 서버에 존재하는 외부 객체에 대한 로컬 인터페이스를 제공한다. 분산 시스템 구조에서 클라이언트가 원격으로 특정 커맨드를 권한이 없어 수행하지 못하는 경우가 있다. 이런 경우 로컬 객체(프록시)에 요청을 보내고 프록시는 원격 서버에서 요청을 수행한다.

- 메모리 사용량이 높은 객체를 다루는 가벼운 핸들러 역할을 한다. 메인 객체가 반드시 필요한 상황에만 생성해야 하는 경우가 있다. 객체의 크기가 크고 많은 리소스를 필요로 하기 때문이다. 예를 들어 웹사이트 사용자의 프로필 사진은 목록에는 작은 이미지로 표시하고 세부 프로필을 보여줄 때만 실제 사진을 로드하는 것이 효율적이다.

간단한 예제를 통해 프록시 패턴을 이해해보자. 배우^{Actor}와 에이전트^{Agent}의 관계를 구현해보자. 영화 제작사가 배우를 모집할 때 보통 직접 배우에게 연락하지 않고 에이전트를 통해 모집한다. 배우의 스케줄과 상황에 따라 에이전트는 출연할 의사가 있는지 전달한다. 제작사는 배우에게 직접 접근하지 않고 에이전트가 배우를 대신해 스케줄과 출연료를 조율하는 Proxy의 역할을 한다.

Actor 클래스가 Proxy 역할을 하는 위 시나리오를 파이썬으로 구현해보자. 우선 Agent 객체를 통해 Actor의 일정을 확인한다. 배우가 바쁘다면 Actor().occupied() 메소드를, 바쁘지 않다면 Actor().available() 메소드를 호출한다.

```python
class Actor(object):
    def __init__(self):
        self.isBusy = False

    def occupied(self):
        self.isBusy = True
        print(type(self).__name__ , "is occupied with current movie") # 다른 영화 촬영 중
```

```python
    def available(self):
        self.isBusy = False
        print(type(self).__name__ , "is free for the movie") # 출연 가능

    def getStatus(self):
        return self.isBusy

class Agent(object):
    def __init__(self):
        self.principal = None

    def work(self):
        self.actor = Actor()
        if self.actor.getStatus():
            self.actor.occupied()
        else:
            self.actor.available()


if __name__ == '__main__':
    r = Agent()
    r.work()
```

프록시 패턴의 역할은 다음과 같다.

- 특정 객체의 대리 객체를 제공해 접근을 제어한다.
- 분산 구조를 지원하기 위한 레이어 또는 인터페이스를 제공한다.
- 의도하지 않은 케이스로부터 객체를 보호한다.

▎ 프록시 패턴의 UML 다이어그램

UML 다이어그램을 보면서 프록시 패턴을 이해해보자. 앞 예시의 프록시 패턴은 제

작사와 에이전트, 배우, 총 세 명으로 구성돼 있다. UML 다이어그램으로 표현하면 다음과 같다.

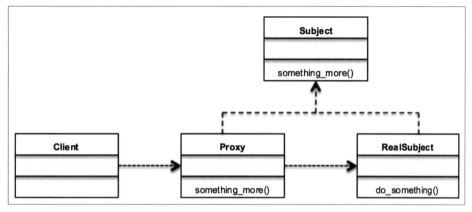

프록시 패턴의 UML 다이어그램

위 UML 다이어그램을 보면 이 패턴에는 세 명의 참가자가 있다.

- Proxy: Proxy가 실 객체에 접근할 수 있는 레퍼런스를 유지한다. Subject 와 동일한 인터페이스 구조를 가지므로 Proxy는 실 객체를 대체할 수 있다. RealSubject의 생성과 소멸을 담당한다.
- Subject: RealSubject와 Proxy를 책임진다. Proxy와 RealSubject가 Subject 인터페이스를 구현하기 때문에 RealSubject를 Proxy로 대체할 수 있다.
- RealSubject: Proxy가 대체하는 실 객체를 나타낸다.

UML 다이어그램을 자료 구조 관점에서 보면 다음과 같다.

- Proxy: RealSubject 클래스의 접근을 제어하는 클래스다. 클라이언트의 요청을 처리하고 RealSubject를 생성 또는 소멸한다.
- Subject/RealSubject: Subject는 RealSubject와 Proxy를 정의하는 인터페이스다. RealSubject는 Subject의 실 구현체다. 클라이언트가 사용할 기능

을 제공한다.

- Client: 작업을 수행하기 위해 Proxy 클래스에 접근한다. Proxy 클래스는 내부적으로 RealSubject에 대한 접근을 제어하고 Client의 요청을 수행한다.

▌ 프록시의 여러 유형들

다양한 상황에서 프록시가 사용될 수 있다. 앞서 몇 가지 상황을 예로 들었다. 프록시가 적용되는 방식에 따라 각 프록시를 가상 프록시Virtual Proxy와 원격 프록시Remote Proxy, 보호 프록시Protective Proxy, 스마트 프록시Smart Proxy로 분류할 수 있다. 각 종류에 대해 알아보자.

가상 프록시

인스턴스화하기엔 무거운 객체의 플레이스 홀더Placeholder 역할을 한다. 웹 사이트에서 큰 이미지를 불러와야 하는 경우를 예로 들어보자. 불러오는 데 오랜 시간이 걸릴 것이다. 일반적으로 개발자는 이미지가 있음을 표시하는 아이콘을 표시해준다. 큰 이미지를 메모리에 로드하는 비용을 줄이기 위해 사용자가 아이콘을 클릭했을 때 이미지를 로드한다. 비슷하게 가상 프록시는 클라이언트가 객체를 처음 요청하거나 접근했을 때 실 객체를 생성한다.

원격 프록시

원격 프록시는 원격 서버나 다른 주소 공간에 존재하는 객체에 대한 로컬 인스턴스를 생성한다. 예를 들어 다수의 웹 서버와 데이터베이스 서버, 작업 서버, 캐시 서버 등으로 구성된 애플리케이션의 모니터링 시스템을 구성한다고 생각해보자. 각 서버의 CPU와 디스크 사용량을 모니터링하려면 모니터링 서버에서 각 서버의 실제 사용량 수치를 얻는 원격 명령을 수행할 수 있어야 한다. 이런 경우에 원격 객체를 로컬에서 제어할 수 있는 원격 프록시 객체를 생성하면 유용하다.

보호 프록시

보호 프록시는 RealSubject의 중요한 부분에 대한 접근을 제어한다. 예를 들어 근래의 분산 시스템에서 웹 애플리케이션은 여러 서비스를 조합해 기능을 제공한다. 이런 구조에서 사용자의 인증과 허가를 담당하는 인증 서비스가 보호 프록시 서버다. 프록시는 웹 사이트의 핵심 기능을 허가 받지 않은 에이전트로부터 보호한다. 이 대리 객체는 사용자가 요청에 대한 권한이 있는지 확인한다.

스마트 프록시

스마트 프록시는 사용자가 객체에 접근했을 때 추가적인 행동을 취한다. 예를 들어 상태를 중앙 서버에 저장하는 핵심 기능이 있는 서비스를 예로 들어보자. 시스템 내의 여러 서비스가 동시에 이 기능을 호출하면 리소스 공유에 문제가 생길 수 있다. 이런 경우 각 서비스가 이 기능을 직접 호출하는 대신 스마트 프록시가 객체의 잠금 상태를 확인하는 기능을 추가로 수행해 접근을 제어한다.

▌프록시 패턴의 사용 사례

프록시 패턴 적용 사례로 결제 시스템을 예로 들어보자. 백화점에서 마음에 드는 데님 셔츠를 발견했지만 돈이 부족하다.

과거에는 ATM에서 현금을 뽑고 백화점으로 돌아와 계산해야 했다. 최근에도 은행 수표를 들고 은행에 가서 돈을 찾아와서 계산해야 했다.

하지만 고맙게도 현금 카드라는 것이 생겼다. 현금 카드만 있다면 무엇이든 살 수 있다. 카드 정보를 입력하면 판매자의 계좌로 돈이 인출된다.

위 상황을 파이썬 3.5로 구현해보자. 클라이언트부터 작성한다. 당신은 백화점에 가서 마음에 드는 데님 셔츠를 구매하려고 한다. Client 코드를 어떻게 작성할지 생각해보자.

- 클라이언트는 You 클래스로 정의한다.
- make_payment() 메소드를 사용해 셔츠를 결제한다.
- __init__()는 프록시를 호출하고 생성하는 특수 메소드다.
- make_payment() 메소드는 내부적으로 Proxy의 메소드를 호출해 금액을 지불한다.
- 결제가 성공하면 __del__() 메소드를 호출한다.

작성된 코드는 다음과 같다.

```
class You:
    def __init__(self):
        print("You:: Lets buy the Denim shirt")
        self.debitCard = DebitCard()
        self.isPurchased = None

    def make_payment(self):
        self.isPurchased = self.debitCard.do_pay()

    def __del__(self):
        if self.isPurchased:
            print("You:: Wow! Denim shirt is Mine :-)")
        else:
            print("You:: I should earn more :(")

you = You()
```

```
you.make_payment()
```

이제 Subject 클래스를 작성해보자. 앞서 말했듯이 Subject 클래스는 Proxy와 RealSubject가 구현하는 인터페이스다.

- 이 예제에서는 Payment 클래스가 Subject에 해당된다. 추상 기본 클래스이며 인터페이스다.
- Payment 클래스는 Proxy와 RealSubject가 구현해야 할 do_pay() 메소드를 포함한다.

다음과 같이 코드를 작성한다.

```python
from abc import ABCMeta, abstractmethod

class Payment(metaclass=ABCMeta):

    @abstractmethod
    def do_pay(self):
        pass
```

이제 RealSubject에 해당하는 Bank 클래스를 작성해보자.

- Bank는 당신의 계좌에서 판매자의 계좌로 돈을 인출한다.
- Bank에는 금액을 지불하는 여러 메소드가 있다. Proxy는 setCard() 메소드를 사용해 카드 정보를 은행에 전달한다.
- __getAccount() 메소드는 카드 소지자의 계좌 정보를 조회하는 Bank의 내부 메소드다. 카드 번호와 계좌 번호가 같도록 구현했다.
- Bank에는 해당 계좌에 셔츠를 구입하기에 충분한 돈이 있는지 확인하는 __hasFunds() 메소드도 있다.
- 자금 상황에 따라 판매자에게 지불하는 역할을 하는 do_pay() 메소드

(Payment 인터페이스)는 **Bank** 클래스에 구현한다.

```python
class Bank(Payment):

    def __init__(self):
        self.card = None
        self.account = None

    def __getAccount(self):
        self.account = self.card  # 카드 번호와 계좌 번호는 같다고 가정
        return self.account

    def __hasFunds(self):
        print("Bank:: Checking if Account", self.__getAccount(),
            "has enough funds")
        return True

    def setCard(self, card):
        self.card = card

    def do_pay(self):
        if self.__hasFunds():
            print("Bank:: Paying the merchant")
            return True
        else:
            print("Bank:: Sorry, not enough funds!")
            return False
```

이제 마지막인 **Proxy**를 구현해보자.

- 이 예제에서 **Proxy**는 **DebitCard** 클래스다. **You**가 결제를 요청하면 은행에 가서 돈을 인출하고 지불하는 대신 **do_pay()** 메소드를 호출한다.
- **DebitCard** 클래스는 **RealSubject**인 **Bank**의 대리 객체다.
- **payWithCard()** 메소드는 내부적으로 **RealSubject**인 **Bank** 클래스를 생성하

고 카드 정보를 Bank에 전달한다.

- Bank 클래스는 앞서 설명했듯이 계좌를 확인하고 금액을 지불한다.

```python
class DebitCard(Payment):

    def __init__(self):
        self.bank = Bank()

    def do_pay(self):
        card = input("Proxy:: Punch in Card Number: ")
        self.bank.setCard(card)
        return self.bank.do_pay()
```

충분한 자금이 있어 결제가 진행되면 다음과 같은 결과가 출력된다.

```
You:: Lets buy the Denim shirt
Proxy:: Punch in Card Number: 23-2134-222
Bank:: Checking if Account 23-2134-222 has enough funds
Bank:: Paying the merchant
You:: Wow! Denim shirt is Mine :-)
```

부족한 자금으로 결제가 실패하면 결과는 다음과 같다.

```
You:: Lets buy the Denim shirt
Proxy:: Punch in Card Number: 23-2134-222
Bank:: Checking if Account 23-2134-222 has enough funds
Bank:: Sorry, not enough funds!
You:: I should earn more :(
```

▌ 프록시 패턴의 장점

프록시 패턴의 장점을 살펴보자.

- 무거운 객체 특히 자주 사용되는 객체를 캐싱해 애플리케이션의 성능을 향상시킨다.
- RealSubject에 대한 접근 요청을 인증한다. 알맞은 권한이 있을 때만 유효하다.
- 원격 프록시는 원격 서버 간의 네트워크 연결과 데이터베이스 연결 구현에 적합하며 시스템 모니터링 용도로 사용될 수 있다.

퍼사드와 프록시 패턴 비교

퍼사드와 프록시 패턴은 구조 디자인 패턴이다. 실 객체 클래스 앞에 프록시/퍼사드 객체를 두는 구조가 같다. 하지만 다음 표에서 보면 패턴을 사용하는 목적이 다르다.

프록시 패턴	퍼사드 패턴
실 객체의 대리 객체를 제공해 접근을 제어한다.	클래스의 서브시스템에 대한 인터페이스를 제공한다.
타겟 객체과 동일한 인터페이스 구조를 가지며 타겟에 대한 참조를 가지고 있다.	서브시스템 간의 의존도와 통신을 최소화한다.
클라이언트와 감싸고 있는 객체 사이의 중재자 역할을 한다.	퍼사드 객체는 하나의 통합된 간단한 인터페이스를 제공한다.

자주 묻는 질문들

Q1 데코레이터 패턴과 프록시 패턴의 차이점은 무엇인가?

A 데코레이터는 런타임에 객체에 대한 추가적인 행위를 하는 반면에 프록시는 객체에 대한 접근을 제어한다. 프록시와 RealSubject의 관계는 컴파일 시에 형성되며 동적이지 않다.

Q2 프록시 패턴의 단점은 무엇인가?

A 프록시 패턴으로 인해 응답 시간이 늘어날 수 있다. 프록시가 제대로 설계되지 않았거나 성능에 문제가 있다면 RealSubject의 응답 시간에 영향을 줄 수 있다. 일반적으로 프록시를 얼마나 잘 구현했는지에 따라 결정된다.

Q3 클라이언트가 RealSubject에 직접 접근할 수 있는가?

A 할 수 있다. 하지만 프록시가 가상과 원격 등의 장점을 제공하므로 프록시 패턴을 사용하는 것이 더 효율적이다.

Q4 프록시 패턴만의 기능이 있는가?

A RealSubject 코드를 수정하지 않고 기능을 추가할 수 있다. 프록시와 RealSubject는 동일한 인터페이스를 구현한다.

▌정리

프록시에 대한 설명으로 5장을 시작했다. 프록시가 무엇인지 소프트웨어 설계에서 어떤 식으로 사용되는지 알아봤다. 프록시 패턴이 어떤 상황에서 적합한지 살펴봤다. 프록시 디자인 패턴이 어떻게 실 객체에 대한 접근을 제어하고 요청을 수행하는지 이해했을 것이다.

UML 다이어그램을 통해 패턴을 파악했고 파이썬 3.5로 작성된 샘플 코드도 살펴봤다.

프록시 패턴에는 가상 프록시와 원격 프록시, 보호 프록시, 스마트 프록시 총 4가지 유형이 있다. 사용 예제를 보면서 각 유형을 학습했다.

퍼사드와 프록시 디자인 패턴의 비교로 각 패턴의 목적과 사용 방식에 대해 충분히 이해했을 것이다.

자주 묻는 질문들과 대답을 통해 각 패턴에 대한 이해를 높이고 장단점을 살펴봤다.

이제 앞으로 소개할 또 다른 구조 디자인 패턴을 배울 준비가 충분히 됐을 것이다.

06

옵서버 패턴
- 객체 이해하기

5장에서 프록시와 프록시 디자인 패턴을 설명했다. UML 다이어그램을 보며 프록시 패턴의 개념을 숙지하고 파이썬으로 예제를 작성해봤다. 나아가 많이 묻는 질문과 대답을 통해 프록시 패턴의 장단점을 알아봤다.

6장에서는 세 번째 디자인 패턴인 행위 디자인 패턴The Behavioral Design Pattern을 소개한다. 그중 행위 패턴의 한 종류인 옵서버 패턴The Observer Pattern에 대해 알아본다. 옵서버 디자인 패턴이 소프트웨어 개발에서 어떻게 사용되는지 알아볼 것이다. 사용 예제는 파이썬 3.5로 작성한다.

6장에서 알아볼 내용은 다음과 같다.

- 행위 패턴 개요
- 옵서버 패턴의 UML 다이어그램

- 파이썬 3.5로 사용 예제 구현
- 느슨한 결합의 장점
- 자주 묻는 질문들

6장 마지막에서 모든 내용을 정리한다.

█ 행위 패턴 개요

앞서 생성 패턴(싱글톤)과 구조 패턴(퍼사드)을 설명했다. 이제 행위 패턴에 대해 알아보자.

생성 패턴에서는 객체가 생성되는 방식이 중요하다. 객체가 생성되는 세부 과정은 숨기고 생성하려는 객체 형과 독립적인 구조를 지원한다. 구조 패턴은 객체와 클래스를 합쳐 더 큰 기능을 구현한다. 구조를 간소화하고 클래스와 객체 사이의 관계를 찾는 것이 주목적이다.

행위 패턴은 이름 그대로 객체의 역할(행동)에 초점을 둔다. 더 큰 기능을 구현하기 위한 객체 간의 상호 작용을 중요시한다. 행동 패턴에서 객체는 상호 작용하지만 느슨하게 결합돼 있다. 느슨한 결합에 대해서는 뒤에서 자세히 설명한다.

옵서버 디자인 패턴은 가장 단순한 행위 패턴이다.

█ 옵서버 패턴 이해

옵서버 패턴에서 객체(서브젝트)는 자식(옵서버)의 목록을 유지하며 서브젝트가 옵서버에 정의된 메소드를 호출할 때마다 옵서버에 이를 알린다.

분산형 애플리케이션에는 사용자가 요청한 작업을 수행하는 다수의 서비스가 엮여 있다. 각 서비스가 수행하는 다양한 연산은 객체 상태에 직접적인 영향을 받는다.

유저 서비스가 사용자 요청을 처리하는 웹 사이트의 사용자 가입 절차를 예로 들어보자. 웹 사이트에는 사용자의 계정 상태를 확인하고 이메일을 발송하는 이메일 서비스가 있다. 사용자가 가입을 하면 유저 서비스는 이메일 서비스의 메소드를 호출해 계정 인증 이메일을 발송한다. 계정은 인증됐지만 포인트가 부족한 경우 사용자에게 이를 알리는 이메일을 발송한다.

애플리케이션을 구성하는 여러 서비스를 관리하는 코어 서비스는 옵서버의 상태를 모니터링하는 서브젝트다. 옵서버는 서브젝트의 상태에 따라 자신의 객체 상태를 변경하거나 필요한 연산을 수행한다. 이처럼 종속된 서비스가 코어 서비스의 상태를 참고하는 구조에는 옵서버 디자인 패턴이 적합하다.

브로드캐스트나 게시^{Publish}/구독^{Subscribe} 시스템에서 옵서버 디자인 패턴이 자주 사용된다. 블로그를 예로 들어보자. 당신이 만약 특정 블로그의 파이썬 관련 최신 글을 즐겨 읽는 기술 애호가라면 무엇을 하겠는가? 당연히 블로그를 구독할 것이다. 당신처럼 블로그를 구독하는 사람이 많을 것이다. 블로그에 새로운 글이 등록되거나 기존 글이 수정되면 구독자는 알림을 받는다. 알림 방식 중 하나는 이메일이다. 이 상황을 옵서버 패턴으로 구현한다면 블로그는 구독자 또는 옵서버의 목록을 유지하는 서브젝트다. 블로그에 새로운 글이 등록되면 이메일 또는 각 옵서버가 선택한 방식으로 알림을 보낸다.

옵서버 패턴의 목적은 다음과 같다.

- 객체 간 일대다(1:N) 관계를 형성하고 객체의 상태를 다른 종속 객체에 자동으로 알린다.
- 서브젝트의 핵심 부분을 캡슐화한다.

옵서버 패턴은 다음과 같은 상황에 적합하다.

- 분산 시스템의 이벤트 서비스를 구현할 때
- 뉴스 에이전시 프레임워크
- 주식 시장 모델

다음은 파이썬으로 구현한 옵서버 디자인 패턴이다.

```python
class Subject:
    def __init__(self):
        self.__observers = []

    def register(self, observer):
        self.__observers.append(observer)

    def notifyAll(self, *args, **kwargs):
        for observer in self.__observers:
            observer.notify(self, *args, **kwargs)

class Observer1:
    def __init__(self, subject):
        subject.register(self)

    def notify(self, subject, *args):
        print(type(self).__name__,':: Got', args, 'From', subject)

class Observer2:
    def __init__(self, subject):
        subject.register(self)

    def notify(self, subject, *args):
        print(type(self).__name__, ':: Got', args, 'From', subject)

subject = Subject()
observer1 = Observer1(subject)
```

```
observer2 = Observer2(subject)
subject.notifyAll('notification')
```

위 코드를 실행한 결과는 다음과 같다.

```
Observer1 :: Got ('notification',) From <__main__.Subject object at 0x102178630>
Observer2 :: Got ('notification',) From <__main__.Subject object at 0x102178630>
```

UML 다이어그램

이제 UML 다이어그램을 보면서 옵서버 패턴을 더 자세히 살펴보자.

앞서 설명했듯이 옵서버 패턴은 Subject와 Observer로 구성돼 있다. UML 다이어그램으로 표현하면 다음과 같다.

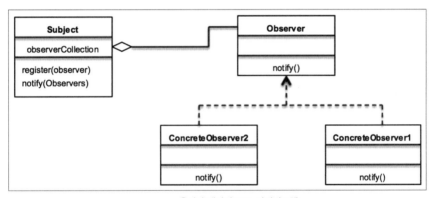

옵서버 패턴의 UML 다이어그램

옵서버 패턴의 구성원의 각 역할은 다음과 같다.

- **서브젝트**Subject: Subject는 Observer를 관리한다. Observer는 Subject 클래스의 register()와 deregister() 메소드를 호출해 자신을 등록한다. Subject는 여러 옵서버를 관리한다.
- **옵서버**Observer: 서브젝트를 감시하는 객체를 위한 인터페이스를 제공한다.

서브젝트의 상태를 알 수 있도록 ConcreteObserver가 구현해야 하는 메소드를 정의한다.

- ConcreteObserver: Subject의 상태를 저장한다. 서브젝트에 대한 정보와 실제 상태를 일관되게 유지하기 위해 Observer 인터페이스를 구현한다.

순서는 간단하다. ConcreteObserver는 Observer 인터페이스를 구현해 자신을 Subject에 등록한다. 상태 변화가 있을 때마다 Subject는 Observer의 알림 메소드를 통해 모든 ConcreteObserver에 알린다.

▌옵서버 패턴 사용 사례

뉴스 에이전시를 옵서버 패턴으로 구현해보자. 뉴스 에이전시는 일반적으로 여러 곳에서 뉴스를 모아 구독자에게 전달한다. 이 경우의 디자인 요소를 생각해보자.

뉴스 에이전시는 실시간 뉴스를 신속하게 구독자에게 전달해야 한다. 기술이 발전하면서 구독자는 단순히 신문이 아닌 이메일과 문자, 음성 메시지 등 다양한 방식으로 뉴스를 전달받는다. 따라서 추후에 새로운 형태의 매체도 지원할 수 있도록 설계해야 한다.

위 예제를 파이썬 3.5로 구현해보자. 뉴스 게시자인 서브젝트부터 구현한다.

- 서브젝트의 행동은 NewsPublisher 클래스에 구현한다.
- NewsPublisher는 구독자가 구현할 인터페이스를 제공한다.
- Observer는 attach( ) 메소드를 통해 자신을 NewsPublisher에 등록하고 detach( ) 메소드로 등록을 취소한다.
- subscribers( )는 Subject에 등록된 구독자 목록을 반환한다.
- notifySubscriber( )는 NewsPublisher에 등록된 모든 구독자에게 알림을 보낸다.

- 뉴스 게시자는 addNews( ) 메소드로 새로운 뉴스를 등록하고 getNews( )로 최신 뉴스를 확인한 뒤 Observer에 전달한다.

NewsPublisher 클래스부터 살펴보자.

```python
class NewsPublisher:
    def __init__(self):
        self.__subscribers = []
        self.__latestNews = None

    def attach(self, subscriber):
        self.__subscribers.append(subscriber)

    def detach(self):
        return self.__subscribers.pop()

    def subscribers(self):
        return [type(x).__name__ for x in self.__subscribers]

    def notifySubscribers(self):
        for sub in self.__subscribers:
            sub.update()

    def addNews(self, news):
        self.__latestNews = news

    def getNews(self):
        return "Got News:", self.__latestNews
```

이제 Observer 인터페이스를 작성해보자.

- 이 예제에서 Subscriber는 Observer를 나타낸다. 모든 ConcreteObserver의 추상 기본 클래스다.
- Subscriber에는 ConcreteObserver가 구현해야 하는 update( ) 메소드

가 있다.

- ConcreteObserver는 update( )를 구현해 Subject(NewsPublisher)로부터 새로운 뉴스 알림을 받는다.

다음은 Subscriber 추상 클래스를 구현한 코드다.

```python
from abc import ABCMeta, abstractmethod

class Subscriber(metaclass=ABCMeta):

    @abstractmethod
    def update(self):
        pass
```

ConcreteObserver 클래스의 역할은 다음과 같다.

- EmailSubscriber와 SMSSubscriber는 Subscriber 인터페이스를 구현하는 옵서버다.
- AnyOtherObserver는 Observer와 Subject의 느슨한 관계를 나타내는 또 다른 옵서버다.
- 각 ConcreteObserver의 __init__( ) 메소드는 attach( ) 메소드를 통해 자신을 NewsPublisher에 등록한다.
- NewsPublisher는 내부적으로 ConcreteObserver의 update( ) 메소드를 호출해 새로운 뉴스를 알린다.

다음은 SMSSubscriber 클래스를 구현한 코드다.

```python
class SMSSubscriber:
    def __init__(self, publisher):
        self.publisher = publisher
        self.publisher.attach(self)
```

```
    def update(self):
        print(type(self).__name__, self.publisher.getNews())

class EmailSubscriber:
    def __init__(self, publisher):
        self.publisher = publisher
        self.publisher.attach(self)

    def update(self):
        print(type(self).__name__, self.publisher.getNews())

class AnyOtherSubscriber:
    def __init__(self, publisher):
        self.publisher = publisher
        self.publisher.attach(self)

    def update(self):
        print(type(self).__name__, self.publisher.getNews())
```

NewsPublisher와 SMSSubscriber 클래스가 어떻게 동작하는지 알아보자.

- 클라이언트는 ConcreteObserver가 사용할 NewsPublisher 객체를 생성한다.
- SMSSubscriber와 EmailSubscriber, AnyOtherSubscriber 클래스는 publisher 객체를 통해 초기화된다.
- 파이썬에서 모든 객체는 생성될 때 __init__() 메소드를 호출한다. ConcreteObserver 클래스의 __init__()는 내부적으로 NewsPublisher의 attach() 메소드를 호출해 자신을 등록한다.
- Subject에 등록된 모든 구독자(ConcreteObserver)를 출력한다.
- NewsPublisher(news_publisher) 객체는 addNews() 메소드를 통해 뉴스를 등록한다.
- NewsPublisher 클래스의 notifySubscribers() 메소드는 모든 구독자에게 새로운 뉴스를 전달한다. notifySubscribers()는 ConcreteObserver가 구

현한 update( ) 메소드를 내부적으로 호출한다.

- NewsPublisher에는 구독자를 목록에서 제거하는 detach( ) 메소드가 있다.

다음은 Subject와 Observer의 상호 작용을 구현한 코드다.

```python
if __name__ == '__main__':
    news_publisher = NewsPublisher()
    for Subscribers in [SMSSubscriber, EmailSubscriber,
AnyOtherSubscriber]:
        Subscribers(news_publisher)
    print("\nSubscribers:", news_publisher.subscribers())

    news_publisher.addNews('Hello World!')
    news_publisher.notifySubscribers()

    print("\nDetached:", type(news_publisher.detach()).__name__)
    print("\nSubscribers:", news_publisher.subscribers())

    news_publisher.addNews('My second news!')
    news_publisher.notifySubscribers()
```

위 코드를 실행한 결과는 다음과 같다.

```
Subscribers: ['SMSSubscriber', 'EmailSubscriber', 'AnyOtherSubscriber']
SMSSubscriber ('Got News:', 'Hello World!')
EmailSubscriber ('Got News:', 'Hello World!')
AnyOtherSubscriber ('Got News:', 'Hello World!')

Detached: AnyOtherSubscriber

Subscribers: ['SMSSubscriber', 'EmailSubscriber']
SMSSubscriber ('Got News:', 'My second news!')
EmailSubscriber ('Got News:', 'My second news!')
```

▌ 옵서버 패턴 메소드

Subject의 변경 사항을 Observer에 알리는 방법에는 푸시^{Push}와 풀^{Pull} 두 가지 모델이 있다.

풀 모델

풀 모델에서 Observer는 다음과 같은 역할을 한다.

- Subject는 변경 사항이 있음을 등록된 Observer에 브로드캐스트한다.
- Observer는 직접 게시자에게 변경 사항을 요청하고 끌어와야^{pull} 한다.
- 풀 모델은 Subject가 Observer에 알리는 단계와 Observer가 Subject로부터 필요한 데이터를 받아오는 두 단계가 필요하므로 비효율적이다.

푸시 모델

푸시 모델에서 Subject의 역할은 다음과 같다.

- 풀 모델과 달리 Subject가 Observer에 데이터를 보낸다.
- Subject는 Observer가 필요로 하지 않는 데이터까지 보낼 수 있다. 따라서 쓸데없이 많은 양의 데이터를 전송해 응답 시간이 늦어질 수 있다.
- 성능을 위해 Subject는 오직 필요한 데이터만 보내야 한다.

▌ 느슨한 결합과 옵서버 패턴

느슨한 결합^{loose coupling}은 중요한 소프트웨어 애플리케이션 설계 원칙이다. 상호 작용하는 객체 간의 관계를 최대한 느슨하게 구성하는 것이 목적이다. 여기서 결합이란 객체가 상호 작용하는 다른 객체에 대해 알고 있는 정도를 의미한다.

느슨한 결합을 추구한 설계는 객체 간의 의존도를 줄여 유연한 객체지향 시스템을 만들 수 있다.

느슨한 결합의 효과는 다음과 같다.

- 한 부분에 대한 수정이 예기치 않게 다른 부분까지 영향을 미치는 위험을 줄인다.
- 테스트와 유지 보수 및 장애 처리가 쉽다.
- 시스템을 쉽게 여러 부분으로 분리할 수 있다.

옵서버 패턴은 Subject와 Observer의 느슨한 결합을 추구한다.

- Subject는 정확히 Observer가 어떤 인터페이스를 구현하는지 모른다. ConcreteObserver의 존재를 모른다.
- 언제든지 새로운 Observer를 추가할 수 있다.
- 새로운 Observer를 추가해도 Subject를 수정할 필요가 없다. 앞선 예제에서 Subject를 수정하지 않고도 AnyOtherObserver를 추가/제거했다.
- Subject 또는 Observer는 독립적이다. Observer는 필요 시 어디에서도 재사용될 수 있다.
- Subject 또는 Observer에 대한 수정이 서로에게 아무런 영향을 주지 않는다. 완전 독립성 또는 느슨한 결합 덕분에 걱정 없이 수정할 수 있다.

▌옵서버 패턴의 장단점

옵서버 패턴의 장점은 다음과 같다.

- 객체들은 느슨한 결합 원칙을 따른다.

- Subject 또는 Observer 클래스를 수정하지 않고 객체 간 자유롭게 데이터를 주고받을 수 있다.
- 새로운 Observer를 언제든지 추가/제거할 수 있다.

옵서버 패턴의 단점은 다음과 같다.

- ConcreteObserver는 상속을 통해 Observer 인터페이스를 구현한다. 컴포지션에 대한 선택권이 없다.
- 제대로 구현되지 않은 Observer 클래스는 복잡도를 높이고 성능 저하의 원인이 될 수 있다.
- 애플리케이션에서 알림^{Notification} 기능은 간혹 신뢰할 수 없으며 레이스 상태^{Race Condition} 또는 비일관성을 초래할 수 있다.

▌ 자주 묻는 질문들

Q1 여러 개의 Subject와 Observer를 정의해도 되는가?

A 다수의 Subject와 Observer가 필요한 경우가 있다. Observer는 정확히 어떤 Subject가 변경됐는지 알아야 한다.

Q2 누가 변경 사항을 알려야 하는가?

A 앞서 설명했듯이 옵서버 패턴에는 푸시와 풀 모델이 있다. 보통 Subject가 변경 사항을 알리지만 필요에 따라 Observer가 직접 요청하는 경우도 있다. 하지만 요청 주기가 너무 짧으면 성능 저하의 요인이 될 수 있다. Subject에 대한 변경이 잦지 않은 경우 특히 조심해야 한다.

Q3 Subject 또는 Observer를 다른 목적으로 사용해도 되는가?

A 물론이다. 느슨한 결합 원칙을 따르는 옵서버 패턴에서 Subject와 Observer는 독립접이다.

▌정리

행동 디자인 패턴에 대한 소개로 6장을 시작했다. 옵서버 패턴의 개념과 어떤 경우에 사용되는지 알아봤다. 어떻게 Observer에 Subject의 변경 사항이 전달되는지 설명했다. 옵서버 패턴은 객체 간의 상호 관계를 관리하고 일대다 관계를 형성한다.

옵서버 패턴의 UML 다이어그램을 살펴보고 파이썬 3.5로 패턴을 구현했다.

옵서버 패턴은 푸시 또는 풀 모델로 구현할 수 있다. 각 모델의 구현 방법과 효율성을 설명했다.

느슨한 결합 원칙이 무엇이고 옵서버 패턴이 어떻게 이 원칙을 따르는지 알아봤다.

나아가 패턴에 대한 이해를 돕기 위해 자주 묻는 질문과 대답을 살펴보고 패턴의 장단점도 알아봤다.

계속해서 또 다른 종류의 행위 패턴을 살펴보자.

07

커맨드 패턴
– 요청 패턴화

6장에서는 행위 디자인 패턴과 옵서버의 개념 그리고 옵서버 디자인 패턴을 설명했다. 옵서버 패턴의 UML 다이어그램을 살펴봤고 사용 예제를 파이썬 코드로 작성했다. 나아가 옵서버 패턴의 장단점과 자주 묻는 질문을 살펴봤고 간략한 정리로 마무리했다.

7장에서는 커맨드 디자인 패턴 Command Design Pattern 을 소개한다. 옵서버 패턴과 마찬가지로 커맨드 패턴도 행위 패턴의 한 종류다. 커맨드 패턴이 무엇이고 소프트웨어 개발에서 어떻게 사용되는지 알아보자. 모든 예제는 파이썬 3.5를 기반으로 작성한다.

7장에서 알아볼 내용은 다음과 같다.

* 커맨드 디자인 패턴 개요

- 커맨드 패턴과 UML 다이어그램
- 파이썬 3.5 기반으로 예제 구현
- 커맨드 패턴의 장단점
- 자주 묻는 질문들

▌커맨드 디자인 패턴

6장에서 설명했듯이 행위 패턴에서는 객체의 역할이 중요하다. 객체는 상호 작용을 통해 더 큰 기능을 구현할 수 있다. 커맨드 패턴은 객체가 특정 기능을 바로 수행하거나 나중에 트리거할 때 필요한 모든 정보를 캡슐화하는 행동 패턴이다. 캡슐화하는 정보는 다음과 같다.

- 메소드명
- 메소드를 소유하는 객체
- 메소드 인자

간단한 예제를 통해 패턴을 자세히 알아보자. 인스톨 위저드를 예로 들어보자. 일반적으로 인스톨 위저드는 여러 단계 또는 화면을 거쳐 사용자가 원하는 환경 설정을 파악한다. 사용자는 각 단계별로 여러 가지 선택을 한다. 인스톨 위저드는 보통 커맨드 패턴으로 설계한다. 우선 Command 객체를 통해 위저드를 실행하고 사용자가 단계별로 선택한 설정을 Command 객체에 저장한다. 사용자가 마지막 단계에서 Finish 버튼을 클릭하면 저장된 설정에 맞는 인스톨 절차를 수행하는 execute( ) 함수를 호출한다. 즉 모든 설정을 추후에 함수를 호출할 객체 속에 캡슐화하는 구조다.

또 다른 간단한 예로 프린터 스풀러가 있다. 스풀러는 종이 크기(A5~A1)와 가로/세로, 부수 등의 설정을 Command 객체에 저장한다. 사용자가 인쇄를 요청하면 스풀러는 Command 객체의 execute( ) 함수를 호출하고 설정대로 인쇄한다.

▌ 커맨드 패턴 구성 요소

커맨드 패턴은 Command와 Receiver, Invoker, Client 클래스로 구성된다.

- Command 객체는 Receiver 객체에 대해 알고 있으며 Receiver 객체의 함수를 호출한다.
- Receiver 함수의 인자는 Command 객체에 저장돼 있다.
- Invoker는 명령을 수행한다.
- Client는 Command 객체를 생성하고 Receiver를 정한다.

커맨드 패턴의 목적은 다음과 같다.

- 요청을 객체 속에 캡슐화한다.
- 클라이언트의 다양한 요청을 매개변수화한다.
- 요청을 큐에 저장한다(뒷부분에서 상세히 설명).
- 객체지향 콜백을 지원한다.

커맨드 패턴은 다음과 같은 상황에 적합하다.

- 수행할 명령에 따라 객체를 변수화할 때
- 요청을 큐에 저장하고 각기 다른 시점에 수행해야 하는 경우
- 작은 단위의 연산을 기반으로 하는 상위 연산을 만들 때

다음은 파이썬으로 작성한 커맨드 패턴이다. 위 설명대로 인스톨러를 구현해보자. 일반적으로 인스톨러는 사용자의 선택을 기반으로 파일 시스템의 파일을 복사하거나 옮기는 작업을 수행한다. 다음 예제 클라이언트 코드를 보면 우선 Wizard 객체를 생성하고 preferences() 메소드를 호출해 각 단계에서 사용자가 선택한 정보를 저장한다. 위저드의 Finish 버튼을 클릭하면 execute() 메소드를 호출한다. execute() 메소드는 저장된 설정을 불러오고 설치를 시작한다.

```python
class Wizard():

    def __init__(self, src, rootdir):
        self.choices = []
        self.rootdir = rootdir
        self.src = src

    def preferences(self, command):
        self.choices.append(command)

    def execute(self):
        for choice in self.choices:
            if list(choice.values())[0]:
                print("Copying binaries --", self.src, " to ", self.rootdir)
            else:
                print("No Operation")

if __name__ == '__main__':
    ## 클라이언트 코드
    wizard = Wizard('python3.5.gzip', '/usr/bin/')
    ## 사용자는 파이썬을 선택
    wizard.preferences({'python':True})
    wizard.preferences({'java':False})
    wizard.execute()
```

위 코드를 실행한 결과는 다음과 같다.

```
Copying binaries -- python3.5.gzip  to  /usr/bin
No Operation
```

커맨드 패턴의 UML 다이어그램

커맨드 패턴의 UML 다이어그램을 보면서 커맨드 패턴을 더 자세히 살펴보자.

앞서 설명했듯이 커맨드 패턴에는 Command와 ConcreteCommand, Receiver, Invoker, Client 객체가 있다. UML 다이어그램으로 표현하면 다음과 같다.

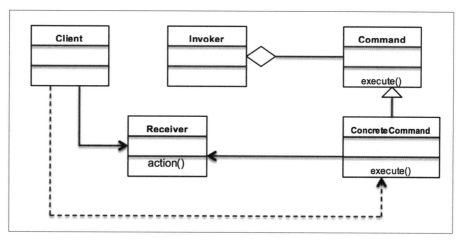

커맨드 패턴의 UML 다이어그램

위 UML 다이어그램을 보면 총 5개의 객체가 있다.

- Command: 연산을 수행할 인터페이스를 정의한다.
- ConcreteCommand: Receiver 객체와 연산 간 바인딩을 정의한다.
- Client: ConcreteCommand 객체를 생성하고 Receiver를 설정한다.
- Invoker: ConcreteCommand에 수행을 요청한다.
- Receiver: 요청에 관련된 연산을 관리한다.

전체적인 흐름은 단순하다. 클라이언트는 특정 연산을 요청하고 Invoker는 요청을 받아 캡슐화해 큐에 넣는다. ConcreteCommand 클래스는 이 요청을 책임지고 Receiver에 수행을 맡긴다. 다음 코드를 보면 각 객체의 역할을 이해할 수 있을 것이다.

```python
from abc import ABCMeta, abstractmethod

class Command(metaclass=ABCMeta):
```

```python
    def __init__(self, recv):
        self.recv = recv

    def execute(self):
        pass

class ConcreteCommand(Command):
    def __init__(self, recv):
        self.recv = recv

    def execute(self):
        self.recv.action()

class Receiver:
    def action(self):
        print("Receiver Action")

class Invoker:
    def command(self, cmd):
        self.cmd = cmd

    def execute(self):
        self.cmd.execute()

if __name__ == '__main__':
    recv = Receiver()
    cmd = ConcreteCommand(recv)
    invoker = Invoker()
    invoker.command(cmd)
    invoker.execute()
```

▌커맨드 패턴 실제 활용 사례

증권거래소를 커맨드 패턴으로 구현해보자. 증권거래소는 어떤 일을 하는가? 당신은 증권거래소 고객으로서 주식을 매수 또는 매도한다. 일반적으로 고객이 주식을 직접 사거나 팔지 않고 에이전트나 브로커가 고객과 거래소 사이에서 중개자 역할을 한다. 중개사는 고객의 요청을 받아 책임지고 거래소에 전달해 처리한다. 월요일 오전에 주식시장이 개장하면 주식을 매매하려는 경우를 생각해보자. 주식시장이 휴장한 일요일 밤에도 중개사에게 매매를 요청할 수 있다. 중개사는 요청을 월요일 아침까지 큐에 넣어둔다. 커맨드 패턴이 적합한 전형적인 구조다.

클래스 설계

커맨드 패턴에는 Command와 ConcreteCommand, Invoker, Receiver 등 총 4개 객체로 구성된다는 것을 앞서 UML 다이어그램에서 봤다. 예로 들은 주식 매매 시나리오에서 우선 고객의 주문을 나타내는 Order 인터페이스를 작성한다. 다음으로 주식을 매매하는 ConcreteCommand 클래스를 작성한다. 증권거래소를 대표하는 클래스도 필요하다. Receiver 클래스는 실제 주식 거래를 담당하고 Invoker인 중개사는 거래를 개시하고 Receiver에 처리를 요청한다.

이제 파이썬 3.5로 구현해보자. 우선 Command 객체인 Order부터 작성한다.

- Order 클래스는 Command 객체를 나타낸다.
- Order 클래스는 파이썬의 추상 기본 클래스인 인터페이스이며 Concrete Command는 이를 기반으로 세부 로직을 구현한다.
- execute( ) 메소드는 ConcreteCommand 클래스가 Order 클래스를 실행하는 추상 메소드다.

다음처럼 Order 추상 클래스와 execute( ) 추상 메소드를 정의한다.

```
from abc import ABCMeta, abstractmethod

class Order(metaclass=ABCMeta):

    @abstractmethod
    def execute(self):
        pass
```

이제 ConcreteCommand를 나타내는 몇 가지 클래스를 작성해보자.

- BuyStockOrder와 SellStockOrder는 Order 인터페이스를 구현하는 구상 클래스concrete class다.
- 각 클래스는 증권 거래 시스템 객체를 사용해 주식을 매수 또는 매도한다.
- 각 클래스의 execute() 메소드는 주식 객체를 통해 주식을 매수 또는 매도한다.

Order 인터페이스를 구현하는 구상 클래스를 다음과 같이 작성한다.

```
class BuyStockOrder(Order):
    def __init__(self, stock):
        self.stock = stock

    def execute(self):
        self.stock.buy()

class SellStockOrder(Order):
    def __init__(self, stock):
        self.stock = stock

    def execute(self):
        self.stock.sell()
```

다음으로 증권 거래 시스템을 구현한다.

- StockTrade 클래스는 Receiver 객체를 나타낸다.
- ConcreteCommand 객체가 생성한 주문을 처리하는 여러 메소드를 정의한다.
- Receiver에 정의된 buy()와 sell() 메소드는 BuyStockOrder와 SellStockOrder 클래스가 주식을 매수 또는 매도할 때 호출된다.

StockTrade 클래스를 다음과 같이 작성한다.

```python
class StockTrade:
    def buy(self):
        print("You will buy stocks")

    def sell(self):
        print("You will sell stocks")
```

마지막으로 Invoker를 구현한다.

- Agent 클래스는 Invoker를 나타낸다.
- Agent는 클라이언트와 StockExchange 객체 사이의 중개자이며 클라이언트의 주문을 처리한다.
- Agent에는 큐를 나타내는 __orderQueue 리스트형 데이터 멤버가 있다. 모든 신규 주문건은 우선 이 큐에 추가한다.
- placeOrder() 메소드는 주문을 큐에 넣고 처리까지 담당한다.

Invoker 역할을 하는 Agent 클래스를 다음과 같이 작성한다.

```python
class Agent:
    def __init__(self):
        self.__orderQueue = []
```

```
def placeOrder(self, order):
    self.__orderQueue.append(order)
    order.execute()
```

위에서 작성한 클래스를 보면서 클라이언트를 구현해보자.

- 클라이언트는 우선 StockTrade 클래스를 Receiver로 시정한나.
- BuyStockOrder와 SellStockOrder(ConcreteCommand)는 StockTrade 객체에 대해 거래를 요청해 주문을 생성한다.
- Invoker 객체는 Agent 클래스를 인스턴스화할 때 생성된다.
- Agent 클래스의 placeOrder() 메소드는 클라이언트의 요청을 주문한다.

다음은 클라이언트를 구현한 것이다.

```
if __name__ == '__main__':
    #Client
    stock = StockTrade()
    buyStock = BuyStockOrder(stock)
    sellStock = SellStockOrder(stock)

    #Invoker
    agent = Agent()
    agent.placeOrder(buyStock)
    agent.placeOrder(sellStock)
```

위 코드를 실행하면 다음과 같은 결과가 출력된다.

```
You will buy stocks
You will sell stocks
```

소프트웨어 개발에서 커맨드 패턴은 다양한 상황에서 사용된다. 클라우드 기반 애플리케이션에서 자주 발생하는 두 가지 상황을 살펴보자.

- 리두 또는 롤백
  - 롤백^{Rollback}과 리두^{Redo}의 역할은 다음과 같다.
  - 파일시스템이나 메모리에 스냅샷을 생성하고 롤백이 필요할 때 해당 스냅샷 상태로 되돌린다.
  - 커맨드 패턴을 사용할 경우 커맨드를 순서대로 저장하고 리두가 필요할 때 저장된 명령을 순차적으로 실행한다.
- 비동기 작업 수행
  - 분산 환경에서 코어 서비스에 요청이 몰리지 않도록 작업을 비동기로 수행하는 경우가 많다.
  - 커맨드 패턴의 Invoker 객체는 모든 요청을 큐에 저장하고 순차적으로 Receiver 객체에 보내어 메인 스레드로부터 독립적으로 수행한다.

▌ 커맨드 패턴의 장단점

커맨드 패턴의 장점은 다음과 같다.

- 작업을 요청하는 클래스와 실제로 작업을 수행하는 클래스를 분리한다.
- 큐에 커맨드를 순서대로 저장한다.
- 기존 코드를 수정하지 않고 새로운 커맨드를 쉽게 추가할 수 있다.
- 커맨드 패턴으로 롤백 시스템을 구현할 수 있다. 앞서 예로 들었던 인스톨 위저드에 롤백 메소드를 쉽게 추가할 수 있다.

커맨드 패턴의 단점은 다음과 같다.

- 클래스와 객체가 많다. 개발자는 신중하게 클래스를 작성해야 한다.
- 모든 작업이 독립적인 ConcreteCommand 클래스이므로 구현 및 유지보수해야 하는 클래스가 많다.

▌자주 묻는 질문들

Q1 Receiver 없이 ConcreteCommand에 execute( ) 메소드를 구현해도 되는가?

A 가능하다. 많은 애플리케이션이 이러한 방식으로 구현돼 있다. 하지만 Invoker와 Receiver의 관계를 신중하게 고민해야 한다. `Receiver`를 제대로 구현하지 않으면 클래스 간의 종속도가 높아지고 커맨드를 변수로 사용할 수 없게 된다.

Q2 Invoker 객체의 큐는 어떤 자료구조가 적합한가?

A 증권거래소 예제에서 큐를 리스트 구조체로 구현했다. 하지만 리두나 롤백 기능을 구현할 때는 스택도 좋은 선택이다.

▌정리

7장에서는 커맨드 디자인 패턴이 무엇이고 소프트웨어 설계에서 어떻게 사용되는지 알아봤다.

커맨드 패턴이 특정 연산을 수행하는 데 필요한 모든 정보를 캡슐화하는 과정을 자세히 살펴봤다.

나아가 커맨드 패턴의 UML 다이어그램을 분석하고 파이썬 3.5로 패턴을 구현해 봤다.

마지막으로 자주 묻는 질문과 커맨드 패턴의 장단점에 대한 설명이 패턴의 개념을 이해하는 데 큰 도움이 됐을 것이다.

8장에서 또 다른 종류의 행동 디자인 패턴을 소개한다.

08

템플릿 메소드 패턴 – 알고리즘의 캡슐화

7장에서는 작업 수행에 필요한 모든 정보를 객체에 캡슐화하는 커맨드 디자인 패턴을 살펴봤다. UML 다이어그램을 보며 패턴을 자세히 알아봤고 예제를 파이썬 코드로 작성해봤다. 나아가 커맨드 패턴의 장단점과 자주 묻는 질문을 살펴보고 간략한 정리로 장을 마무리했다.

8장에서는 커맨드 패턴과 같은 행위 패턴의 또 다른 종류인 템플릿 메소드 패턴The Template Method Pattern을 소개한다. 템플릿 메소드 패턴이 무엇이고 실제로 어떻게 사용되는지 알아본다. 예제 코드는 파이썬 3.5로 작성한다.

8장에서 알아볼 내용은 다음과 같다.

- 템플릿 메소드 디자인 패턴 개요
- 템플릿 패턴의 UML 다이어그램

- 파이썬 3.5로 사용 예제 구현
- 템플릿 패턴의 장단점
- 할리우드 원칙과 템플릿 메소드, 템플릿 후크
- 자주 묻는 질문들

템플릿 디자인 패턴이 어떤 상황에 적합하고 문제를 어떻게 효율적으로 해결할 수 있는지에 대한 논의와 요약으로 8장을 마무리하겠다.

템플릿 메소드 패턴 개요

7장에서 설명했듯이 행동 패턴에서는 각 객체의 역할이 중요하다. 객체는 상호 작용을 통해 더 큰 기능을 구현할 수 있다. 템플릿 메소드 패턴은 행동 디자인 패턴의 한 종류로 애플리케이션의 뼈대나 핵심 알고리즘을 템플릿 메소드에 정의한다. 템플릿 메소드 패턴은 알고리즘의 일부 단계를 서브클래스화해 알고리즘의 부분적 수정 및 재정의를 쉽게 한다. 즉 서브클래스를 자유롭게 재정의할 수 있다. 예를 들어 음료 제조 과정을 구현한 템플릿 메소드의 서브클래스를 활용해 차^{Tea} 제조 과정을 구현할 수 있다. 서브클래스를 수정해도 기존 알고리즘은 변하지 않는다. 따라서 템플릿 메소드 패턴의 서브클래스를 재정의해 완전히 다른 기능이나 알고리즘을 쉽게 구현할 수 있다.

소프트웨어 개발의 관점에서 템플릿 디자인 패턴의 알고리즘의 각 단계는 개별적인 추상 클래스다. 템플릿 메소드 패턴에서 단계를 원시 연산$^{Primitive\ Operation}$이라고 부른다. 각 단계에는 추상 메소드가 정의돼 있고 템플릿 메소드가 전체 알고리즘을 구현한다. 추상 클래스인 ConcreteClass는 각 단계별 기능을 구현한다.

템플릿 메소드 패턴은 다음과 같은 상황에 적합하다.

- 여러 알고리즘 또는 클래스가 비슷하거나 같은 로직을 구현할 때

- 알고리즘을 단계별로 서브클래스화해 코드의 중복을 줄일 수 있는 경우
- 서브클래스를 오버라이드해 여러 알고리즘을 구현할 수 있는 경우

간단한 예제를 통해 커맨드 메소드 패턴을 자세히 알아보자. 차 또는 커피를 만드는 과정을 예로 들어보자. 커피를 끓이는 순서는 다음과 같다.

1. 물을 끓인다.
2. 커피를 우려낸다.
3. 커피를 컵에 따른다.
4. 설탕과 우유를 넣는다.
5. 저어주면 커피가 완성된다.

차를 끓이는 순서는 다음과 같다.

1. 물을 끓인다.
2. 티백을 물에 담근다.
3. 차를 컵에 따른다.
4. 레몬을 넣는다.
5. 저어주면 차가 완성된다.

각 단계를 비교해보면 매우 흡사하다. 템플릿 메소드 패턴이 적합한 경우다. Beverage 클래스에는 차와 커피를 끓일 때 공통적으로 필요한 boilWater() 같은 추상 메소드가 있다. preparation() 템플릿 메소드는 각 단계를 순차적으로 실행해 음료를 제조한다. PrepareCoffee와 PrepareTea 클래스는 음료를 만들기 위한 각 단계를 정의한다. 템플릿 메소드 패턴은 코드의 중복을 최소화한다.

템플릿 메소드 패턴이 적합한 또 다른 간단한 예로 컴파일러가 있다. 컴파일러는 소스 코드를 모아 타겟 객체로 컴파일한다. 모든 iOS 기기에서 사용할 수 있는 크로스 컴파일러를 만들 때 템플릿 메소드 패턴이 적합하다. 뒷부분에서 더 자세하게 설명하겠다.

템플릿 메소드 패턴 이해

템플릿 메소드 패턴의 목적은 다음과 같다.

- 알고리즘의 뼈대를 원시 연산으로 구현
- 알고리즘의 구조를 수정하지 않고 일부 서브클래스를 재정의
- 코드의 재사용과 중복 최소화
- 공통 인터페이스 및 구현 활용

템플릿 메소드 패턴에는 AbstractClass와 ConcreteClass, Template Method, Client가 있다.

- AbstractClass: 알고리즘의 단계를 정의하는 인터페이스
- ConcreteClass: 단계별 서브클래스
- template_method( ): 단계별 메소드를 호출하는 알고리즘 정의

앞서 예로 들었던 iOS 기기용 크로스 컴파일러를 작성해보자.

우선 컴파일러의 알고리즘을 정의하는 추상 클래스(compiler)부터 작성한다. 컴파일러는 특정 프로그래밍 언어로 작성된 소스 파일을 모아서 바이너리 형태의 오브젝트 코드로 컴파일한다. 이 단계를 collectSource( )와 compileToObject( ) 추상 메소드로 정의하고 컴파일된 프로그램을 실행하는 run( ) 메소드를 작성한다. compileAndRun( )은 알고리즘을 정의하며 내부적으로 collectSource( )와 compileToObject( ), run( ) 메소드를 호출한다. iOSCompiler 구상 클래스는 추상 메소드를 구현하고 iOS 기기에서 스위프트Swift 코드를 컴파일하고 실행한다.

 스위프트는 iOS 플랫폼에서 애플리케이션을 개발할 때 사용하는 프로그래밍 언어다.

다음은 파이썬 코드로 작성한 템플릿 메소드 디자인 패턴이다.

```python
from abc import ABCMeta, abstractmethod

class Compiler(metaclass=ABCMeta):
    @abstractmethod
    def collectSource(self):
        pass

    @abstractmethod
    def compileToObject(self):
        pass

    @abstractmethod
    def run(self):
        pass

    def compileAndRun(self):
        self.collectSource()
        self.compileToObject()
        self.run()

class iOSCompiler(Compiler):
    def collectSource(self):
        print("Collecting Swift Source Code")

    def compileToObject(self):
        print("Compiling Swift code to LLVM bitcode")

    def run(self):
        print("Program runing on runtime environment")

iOS = iOSCompiler()
iOS.compileAndRun()
```

코드를 실행한 결과는 다음과 같다.

```
Collecting Swift Source Code
Compiling Swift code to LLVM bitcode
Program runing on runtime environment
```

템플릿 메소드 패턴의 UML 다이어그램

UML 다이어그램을 보면서 템플릿 메소드 패턴을 더 자세히 알아보자.

앞서 보았듯이 템플릿 패턴에는 추상 클래스와 구상 클래스, 템플릿 메소드, 클라이언트가 있다. UML 다이어그램으로 표현하면 다음과 같다.

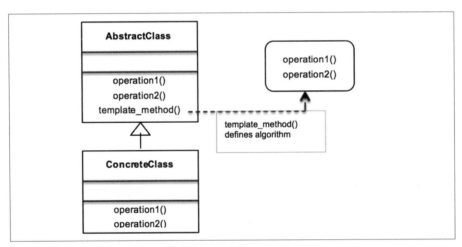

템플릿 메소드 패턴의 UML 다이어그램

위 UML 다이어그램을 보면 템플릿 패턴에는 총 3개의 구성원이 있다.

- AbstractClass: 알고리즘의 각 단계를 정의하는 추상 메소드로 구성돼 있다. 구상 서브클래스가 오버라이드한다.
- template_method(): 알고리즘의 뼈대를 정의한다. 전체 알고리즘을 정의하는 여러 추상 메소드를 호출한다.

- ConcreteClass: 여러 추상 메소드로 구성된 알고리즘의 서브클래스를 구현
한다.

다음은 패턴의 모든 구성원을 포함해 패턴을 구현한 코드다.

```python
from abc import ABCMeta, abstractmethod

class AbstractClass(metaclass=ABCMeta):
    def __init__(self):
        pass

    @abstractmethod
    def operation1(self):
        pass

    @abstractmethod
    def operation2(self):
        pass

    def template_method(self):
        print("Defining the Algorithm. Operation1 follows Operation2")
        self.operation2()
        self.operation1()

class ConcreteClass(AbstractClass):

    def operation1(self):
        print("My Concrete Operation1")

    def operation2(self):
        print("Operation 2 remains same")

class Client:
    def main(self):
        self.concreate = ConcreteClass()
```

```
        self.concreate.template_method()

client = Client()
client.main()
```

위 코드의 실행 결과는 다음과 같다.

```
Defining the Algorithm. Operation1 follows Operation2
Operation 2 remains same
My Concrete Operation1
```

▌템플릿 메소드 패턴 사용 사례

템플릿 메소드 패턴이 적합한 간단한 시나리오를 생각해보자. 데브 트래블^{Dev Travels}
이라는 여행사가 있다. 여행사는 어떤 일을 하는가? 여러 여행지 중 고객에게 맞는
패키지를 만들어 추천한다. 패키지는 고객이 선택한다. 패키지에는 방문할 장소들과
교통수단 등의 여러 정보와 일정이 있다. 같은 여행지라도 고객의 요구에 맞게 일정
을 바꿀 수 있다. 템플릿 메소드 패턴에 아주 적합한 시나리오다.

디자인 요소는 다음과 같다.

- UML 다이어그램에서 봤듯이 여행을 정의하는 `AbstractClass`를 생성한다.
- 주말을 활용한 2박 3일 일정이라면 일별(`day1`, `day2`, `day3`) 방문지와 대중
  교통, 돌아오는 일정 등을 정의하는 여러 추상 메소드가 필요하다.
- `itinerary()` 템플릿 메소드는 여행 일정을 정의한다.
- `ConcreteClass`를 고객의 취향에 맞게 일정을 변경한다.

파이썬 3.5로 이 시나리오를 구현해보자. 우선 `Trip` 추상 클래스부터 작성한다.

- `Trip` 클래스는 추상 객체를 표현한다. 교통수단 및 일별 방문지 등에 대한

130

정보를 정의하는 인터페이스 또는 파이썬의 추상 기본 클래스이다.

- setTransport는 ConcreteClass가 구현해야 하는 교통수단을 지정하는 추상 메소드다.
- day1( )과 day2( ), day3( ) 추상 메소드는 일별 일정을 설정한다.
- itinerary( ) 템플릿 메소드는 전체 일정을 생성한다. 호출 순서는 교통수단과 방문지를 지정하고 returnHome 순이다.

다음은 데브 트래블 여행사의 시나리오를 구현한 코드다.

```python
from abc import abstractmethod, ABCMeta

class Trip(metaclass=ABCMeta):

    @abstractmethod
    def setTransport(self):
        pass

    @abstractmethod
    def day1(self):
        pass

    @abstractmethod
    def day2(self):
        pass

    @abstractmethod
    def day3(self):
        pass

    @abstractmethod
    def returnHome(self):
        pass

    def itinerary(self):
```

```
        self.setTransport()
        self.day1()
        self.day2()
        self.day3()
        self.returnHome()
```

템플릿 메소드 패턴의 구상 클래스에 해당되는 클래스를 작성해보자.

- VeniceTrip과 MaldivesTrip은 Trip 인터페이스를 구현하는 구상 클래스다.
- 각 구상 클래스는 여행객의 취향에 맞게 선택될 여행지를 나타낸다.
- VeniceTrip과 MaldivesTrip은 setTransport()와 day1(), day2(), day3(), returnHome()을 구현한다.

다음은 구상 클래스를 구현한 코드다.

```
class VeniceTrip(Trip):
    def setTransport(self):
        print("Take a boat and find your way in the Grand Canal")

    def day1(self):
        print("Visit St Mark's Basilica in St Mark's Square")

    def day2(self):
        print("Appreciate Doge's Palace")

    def day3(self):
        print("Enjoy the food near the Rialto Bridge")

    def returnHome(self):
        print("Get souvenirs for friends and get back")

class MaldivesTrip(Trip):
    def setTransport(self):
        print("On foot, on any island, Wow!")
```

```
def day1(self):
    print("Enjoy the marine life of Banana Reef")

def day2(self):
    print("Go for the water sports and snorkelling")

def day3(self):
    print("Relax on the beach and enjoy the sun")

def returnHome(self):
    print("Dont feel like leaving the beach..")
```

이제 여행사와 멋진 휴가를 보내고 싶은 여행객을 생각해보자.

- TravelAgency 클래스는 Client 객체에 대응한다.
- arrange_trip() 메소드는 고객에게 역사 여행과 바다 여행 중 선택권을 준다.
- 여행객의 선택에 따라 해당되는 클래스 객체를 생성한다.
- 이 객체는 itinerary() 템플릿 메소드를 호출해 고객의 취향에 맞는 여행 일정을 생성한다.

다음은 데브 트래블 여행사가 고객의 선택을 기반으로 여행 일정을 짜는 부분을 구현한 코드다.

```
class TravelAgency:
    def arrange_trip(self):
        choice = input("What kind of place you'd like to go historical or to a
            beach?")
        if choice == 'historical':
            self.trip = VeniceTrip()
            self.trip.itinerary()
        if choice == 'beach':
```

```
        self.trip = MaldivesTrip()
        self.trip.itinerary()

TravelAgency().arrange_trip()
```

위 코드를 실행한 결과는 다음과 같다.

```
What kind of place you'd like to go historical or to a beach?beach
On foot, on any island, Wow!
Enjoy the marine life of Banana Reef
Go for the water sports and snorkelling
Relax on the beach and enjoy the sun
Dont feel like leaving the beach..
```

역사 여행을 선택한 결과는 다음과 같다.

```
What kind of place you'd like to go historical or to a beach?historical
Take a boat and find your way in the Grand Canal
Visit St Mark's Basilica in St Mark's Square
Appreciate Doge's Palace
Enjoy the food near the Rialto Bridge
Get souvenirs for friends and get back
```

▌템플릿 메소드 패턴 - 후크

후크Hook는 추상 클래스에 정의된 메소드다. 일반적으로 기본 구현은 포함돼 있다. 후크는 서브클래스가 알고리즘 중간 단계를 제어할 수 있는 기능을 제공한다. 서브 클래스는 후크를 꼭 사용하지 않아도 된다.

예를 들어 앞서 다룬 음료 제조 예제에서 설탕이나 프림 등을 차 또는 커피와 함께 고객에게 제공 여부를 확인하는 간단한 후크를 추가할 수 있다.

앞서 다룬 여행사 예제에서도 후크를 사용할 수 있다. 예를 들어 고령 여행객들은 쉽게 지치기 때문에 여행 기간 내내 외출하는 것을 원하지 않을 수도 있다. 이런 경우

day2에는 가까운 곳만 둘러보고 day3의 계획은 그대로 유지하는 후크를 추가할 수 있다.

즉 서브클래스가 반드시 구현해야 하는 부분은 추상 메소드를 사용하고 선택적인 부분은 후크를 사용한다.

할리우드 원칙과 탬플릿 메소드

할리우드 원칙Hollywood Principle은 "먼저 연락하지 마세요. 저희가 연락드리겠습니다 (Don't call us, we'll call you.)."에 기반하는 디자인 철학이다. 할리우드 영화 제작사에서 배우가 필요할 때 제작사가 배우에게 연락하는 것에서 비롯된 원칙이다.

객체지향에서 하위 요소는 할리우드 원칙을 기반으로 메인 시스템에 끼어 들어갈 Hook 수 있다.

하지만 상위 요소가 언제 어떤 하위 요소가 필요한지 결정한다. 즉 상위 요소가 하위 요소에 대한 접근 및 필요성을 직접 결정하는 '저희가 연락드리겠습니다'와 같은 개념이다.

비슷하게 탬플릿 메소드 패턴에서는 상위추상 클래스가 알고리즘에 필요한 단계를 정리한다. 알고리즘에 따라 각 단계에 맞는 하위 클래스가 호출된다.

템플릿 메소드 패턴의 장단점

템플릿 메소드 패턴의 장점은 다음과 같다.

- 앞서 확인했듯이 코드 중복이 없다.
- 컴포지션이 아닌 상속을 사용하므로 코드를 재활용할 수 있다. 일부의 함수

만 오버라이드하면 된다.

- 알고리즘의 각 단계를 서브클래스에서 구현할 수 있는 유연성을 제공한다.

단점은 다음과 같다.

- 코드 디버깅 및 이해가 어려울 수 있다. 구현하지 않아도 메소드를 구현하거나 추상 메소드를 아예 구현하지 않는 실수를 저지를 수 있다. 에러 핸들링과 문서화가 필수적이다.
- 어떤 계층이라도 (상위 및 하위 클래스) 수정한다면 전체 구조 및 구현에 영향을 줄 수 있어 유지보수가 어렵다.

▍자주 묻는 질문들

Q1 하위 클래스가 상위 클래스를 호출하는 것을 막아야 하는가?

A 아니다. 하위 클래스는 상속을 통해 상위 클래스를 호출할 수 있어야 한다. 하지만 프로그래머는 상하위 클래스가 서로 의존하는 순환 종속성이 없도록 주의해야 한다.

Q2 전략 패턴과 템플릿 패턴의 차이점은 무엇인가?

A 두 패턴 모두 알고리즘을 캡슐화한다. 하지만 템플릿 패턴은 상속을 사용하는 반면에 전략 패턴은 컴포지션을 사용한다. 템플릿 메소드 패턴은 서브클래스를 사용해 컴파일 단계에서 알고리즘을 선택하지만 전략 패턴은 런타임에 선택한다.

▎ 정리

8장에서는 템플릿 메소드 패턴이 무엇이고 어떻게 사용되는지 알아봤다.

템플릿 메소드 패턴이 어떻게 알고리즘을 캡슐화하고 서브클래스에서 메소드를 오버라이드해 여러 기능을 구현하는 방법도 살펴봤다.

나아가 UML 다이어그램과 파이썬 3.5로 작성한 샘플 코드를 보며 패턴을 더 자세히 알아봤다.

패턴의 장단점을 설명했고 자주 묻는 질문과 대답이 큰 도움이 됐을 것이다.

9장에서는 컴포지트 Composite 패턴인 MVC 디자인 패턴을 소개한다.

09

모델 - 뷰 컨트롤러
- 컴파운드 패턴

8장에서는 서브클래스에서 알고리즘의 각 단계를 재정의해 코드의 유연성과 재사용성을 높이는 템플릿 메소드 패턴을 설명했다. 템플릿 메소드가 어떻게 알고리즘을 여러 단계로 나누는지 알아봤다. 나아가 UML 다이어그램과 패턴의 장단점, 자주 묻는 질문을 살펴보고 패턴에 대한 정리로 장을 마무리했다.

9장에서는 컴파운드 패턴을 설명한다. 모델-뷰-컨트롤러$^{Model-View-Controller}$, 즉, MVC 디자인 패턴이 무엇이고 어떻게 쓰이는지 알아볼 것이다. 모든 예제는 파이썬 3.5를 기반으로 한다.

9장에서 알아볼 내용은 다음과 같다.

- 컴파운드 패턴과 모델-뷰-컨트롤러 개요
- MVC 패턴의 UML 다이어그램

- 파이썬 3.5로 사용 예제 구현
- MVC 패턴의 장단점
- 자주 묻는 질문들

끝으로 위 내용에 대한 정리로 장을 마무리한다.

컴파운드 패턴 개요

지금까지 여러 디자인 패턴을 소개했다. 앞서 설명했듯이 디자인 패턴은 구조와 생성, 행동 디자인 패턴으로 분류한다. 예제를 작성하면서 각 분류를 알아봤다.

소프트웨어 개발에서는 하나의 디자인 패턴만을 사용하지 않고 여러 가지 패턴을 섞어 사용한다. 일반적으로 여러 패턴을 합쳐 목적을 달성한다. GoF에 따르면 '컴파운드 패턴은 2개 이상의 패턴을 합쳐 문제를 해결'하는 패턴이다. 하지만 컴파운드 패턴은 단순히 여러 패턴의 조합이 아닌 문제를 해결하는 독립적인 솔루션이다.

이제 모델-뷰-컨트롤러 패턴에 대해 알아보자. 컴파운드 패턴의 가장 대표적인 종류로 수년간 다양한 상황에서 사용되고 있다.

모델-뷰-컨트롤러 패턴

MVC 패턴은 유저 인터페이스를 구현할 수 있는 유지보수가 용이한 디자인 패턴이다. MVC 패턴은 애플리케이션을 모델과 뷰, 컨트롤러로 나눠 구성한다. 각 파트는 맞물려 있으며 요청의 처리와 표현을 분리한다.

MVC 패턴의 원리는 다음과 같다. 모델은 데이터와 비즈니스 로직(정보 저장 및 쿼리 로직)을 처리하고 뷰는 데이터의 시각적 표현을 담당하며 컨트롤러는 사용자의 요청에 따라 모델과 뷰 사이에서 요청을 처리한다. 흥미롭게도 뷰와 컨트롤러는 모델에 의존하지만 그 반대는 아니다. 사용자가 데이터를 직접 요청하는 구조이기 때문이다. 이와 같은 모델의 독립성이 MVC 패턴의 중요한 부분이다.

MVC 패턴의 전형적인 예로 웹사이트 로직을 살펴보자. 웹사이트에는 어떤 기능이 있는가? 사용자가 버튼을 클릭하면 이에 해당되는 기능을 수행되고 원하는 결과를 출력한다. 원리는 다음과 같다.

- 사용자는 뷰를 통해 요청을 보낸다. 뷰는 사용자에게 보여지는 웹사이트다. 뷰에 있는 버튼을 클릭하면 뷰는 컨트롤러에 요청을 전달한다.
- 컨트롤러는 뷰에 전달받은 인풋을 모델로 보낸다. 모델은 요청에 맞는 작업을 수행한다.
- 컨트롤러는 사용자의 요청에 따라 버튼 교체 및 UI 추가 등을 뷰에 지시할 수 있다.
- 모델은 뷰에 상태 변경을 알린다. 내부 로직 또는 버튼 클릭 등의 외부 트리거에 의한 상태 변경이다.
- 뷰는 모델이 전달한 상태를 출력한다. 예를 들어 사용자가 웹사이트에 로그인하면 대시보드를 표시한다. 대시보드의 세부 내용은 모델이 뷰에 전달한다.

MVC 패턴은 모델과 뷰, 컨트롤러, 클라이언트 총 4개의 클래스로 구성된다.

- **모델**: 데이터를 저장하고 조작하는 클래스
- **뷰**: 유저 인터페이스와 데이터의 시각적 표현을 담당하는 클래스
- **컨트롤러**: 모델과 뷰를 연결하는 클래스
- **클라이언트**: 목적에 따라 정보를 요청하는 클래스

MVC 패턴을 그림으로 표현하면 다음과 같다.

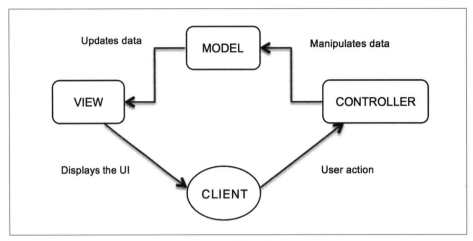

MVC 패턴의 구성

MVC 패턴의 메인 클래스를 개발 관점에서 살펴보자.

- model 클래스는 데이터의 생성과 수정, 소멸 등 데이터에 관한 모든 작업을 정의하고 데이터를 사용하는 메소드를 제공한다.
- view 클래스는 유저 인터페이스를 담당한다. 애플리케이션에 필요한 웹이나 GUI를 생성하는 메소드를 포함한다. 전달받는 데이터를 시각적으로 표현하는 기능 외 개별적인 로직을 포함하지 않아야 한다.
- controller 클래스는 데이터를 받고 전달한다. 요청을 라우팅하는 메소드를 포함한다.

MVC 패턴은 주로 다음과 같은 상황에 적합하다.

- 비지니스 로직을 건드리지 않고 표현 계층만 수정해야 하는 경우
- 유저 인터페이스를 수정하는 데 다수의 컨트롤러와 뷰가 사용될 수 있다.
- 모델은 뷰를 수정하지 않아도 변경될 수 있으므로 독립적이다.

MVC 패턴의 목적은 다음과 같다.

- 데이터 조작과 표현의 분리

- 쉬운 유지보수와 구현
- 유연한 데이터 저장과 표현 방식의 수정. 서로 독립적이므로 쉽게 수정할 수 있다.

이 책의 1판인『파이썬 디자인 패턴 학습Learning Python Design Patterns』(Gennadiy Zlobin, Packt Publishing)에서도 다룬 모델과 뷰, 컨트롤러에 대해 좀 더 자세히 알아보자.

모델 – 애플리케이션의 뇌

모델은 뷰와 컨트롤러와는 독립적인 애플리케이션의 일부이다. 뷰와 컨트롤러는 모델에 의존적이다.

모델은 사용자가 요청한 데이터를 제공한다. 일반적으로 모델은 데이터를 저장하고 반환하는 데이터베이스 테이블이다. 모델은 상태 정보와 상태를 변경하는 메소드를 포함하지만 데이터가 사용자에게 어떤 형태로 보여지는지 알지 못한다.

모델은 반드시 여러 작업 간 일관성을 유지해야 한다. 그렇지 않으면 사용자는 일관성 없는 오래된 데이터를 전달받는다.

모델은 완전히 독립적이므로 개발자는 뷰와 상관없이 모델 유지보수에 집중할 수 있다.

뷰 – 외모

뷰는 사용자가 인터페이스에서 보게 되는 데이터의 시각적 표현이다. 뷰를 독립적으로 작성할 수 있으나 복잡한 로직을 포함하면 안 된다. 모든 로직은 컨트롤러나 모델에 포함돼야 한다.

특히 요즘처럼 데스크톱과 모바일 등의 여러 플랫폼과 다양한 화면 크기의 기기를 모두 지원하려면 뷰는 최대한 유연해야 한다.

뷰는 데이터베이스와 직접 통신하지 않고 원하는 정보를 얻기 위해 모델에 의존해야 한다.

컨트롤러 – 접착제

컨트롤러는 이름에서 짐작할 수 있듯이 사용자의 행동을 제어한다. 사용자가 인터페이스 내의 특정 요소를 클릭하면 행동(클릭 또는 터치)에 따라 컨트롤러는 모델을 호출해 데이터를 생성 또는 갱신, 삭제한다.

컨트롤러는 뷰에 데이터를 전달하고 뷰는 해당 데이터를 렌더링해 사용자에게 보여준다.

컨트롤러는 데이터베이스를 직접 호출하거나 데이터를 시각화하지 않는다. 컨트롤러는 모델과 뷰 사이에서 얇은 접착제 역할을 한다.

이제 코드를 직접 작성해보자. 다음 파이썬 코드는 MVC 디자인 패턴을 구현한 것이다. 이메일과 SMS, 음성 메시지를 제공하는 클라우드 서비스 업체를 홍보하는 애플리케이션을 구현해보자.

우선 이메일과 SMS, 음성 메시지 등의 제품을 정의하는 model 클래스(Model)를 작성한다. 각 서비스별 이용 요금은 1,000개의 이메일당 2달러, 1,000개의 문자 메시지당 10달러, 1,000개의 음성 메시지당 15달러 등으로 다르게 책정돼 있다. 따라서 모델에는 각 서비스별 요금 정보가 있어야 한다.

이제 사용자에게 정보를 보여주는 view 클래스를 작성한다. list_services( )와 list_pricing( ) 메소드는 이름 그대로 모든 서비스와 이용 요금을 출력한다.

Controller 클래스에는 get_services( )와 get_pricing( ) 메소드를 정의한다. 각 메소드는 모델에 요청하고 데이터를 받는다. 이 데이터는 뷰에 전달돼 사용자가 보게 된다.

Client 클래스는 컨트롤러를 인스턴스화한다. Controller 객체는 사용자의 요청에 따라 메소드를 호출한다.

```python
class Model(object):
    services = {
                'email': {'number': 1000, 'price': 2,},
                'sms': {'number': 1000, 'price': 10,},
                'voice': {'number': 1000, 'price': 15,},
    }

class View(object):
    def list_services(self, services):
        for svc in services:
            print(svc, ' ')

    def list_pricing(self, services):
        for svc in services:
            print("For" , Model.services[svc]['number'],
                            svc, "message you pay $",
                        Model.services[svc]['price'])

class Controller(object):
    def __init__(self):
        self.model = Model()
        self.view = View()

    def get_services(self):
        services = self.model.services.keys()
        return(self.view.list_services(services))

    def get_pricing(self):
        services = self.model.services.keys()
        return(self.view.list_pricing(services))

class Client(object):
    controller = Controller()
    print("Services Provided:")
```

```
controller.get_services()
print("Pricing for Services:")
controller.get_pricing()
```

코드를 실행한 결과는 다음과 같다.

```
Services Provided:
sms
email
voice
Pricing for Services:
For 1000 sms message you pay $ 10
For 1000 email message you pay $ 2
For 1000 voice message you pay $ 15
```

▌ MVC 패턴의 UML 다이어그램

UML 다이어그램을 보면서 MVC 패턴을 더 자세히 알아보자.

앞서 설명했듯이 MVC 패턴은 Model과 View, Controller 총 3개의 파트로 이뤄져
있다.

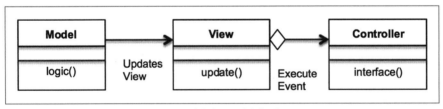

MVC 패턴의 UML 다이어그램

위 UML 다이어그램을 보면 3개의 메인 클래스가 있다.

- **Model 클래스**: 비지니스 로직이나 Client의 요청을 수행하는 작업을 정의
  한다.

- **View 클래스**: Client가 보게 되는 뷰 또는 시각적 표현을 정의한다. 모델은 비즈니스 로직에 따라 데이터를 뷰에 전달한다.
- **Controller 클래스**: 뷰와 모델 사이의 인터페이스 역할을 한다. Client의 요청을 뷰에서 모델로 보낸다.

다음은 모든 클래스를 구현한 코드다.

```python
class Model(object):
    def logic(self):
        data = 'Got it!'
        print("Model: Crunching data as per business logic")
        return data

class View(object):
    def update(self, data):
        print("View: Updating the view with results: ", data)

class Controller(object):
    def __init__(self):
        self.model = Model()
        self.view = View()

    def interface(self):
        print("Controller: Relayed the Client asks")
        data = self.model.logic()
        self.view.update(data)

class Client(object):
    print("Client: asks for certain information")
    controller = Controller()
    controller.interface()
```

위 코드를 실행한 결과는 다음과 같다.

```
Client: asks for certain information
Controller: Relayed the Cient asks
Model: Crunching data as per business logic
View: Updating the view with results:  Got it!
```

▌MVC 패턴 사용 사례

자주 사용되는 많은 웹 애플리케이션 프레임워크가 MVC를 기반으로 한다. 예를 들어 Django나 Rails의 프로젝트는 모델-뷰-컨트롤러 포맷을 기반으로 하지만 모델은 데이터베이스, 템플릿은 뷰에 해당되고 컨트롤러는 뷰와 라우팅인 MTV(모델, 템플릿, 뷰)라고 표현한다.

토네이도[Tornado] 웹 애플리케이션 프레임워크(http://www.tornadoweb.org/en/stable/)를 사용해 단일 페이지 애플리케이션을 구현해보자. 사용자의 권한에 따라 일정을 생성, 수정, 삭제할 수 있는 일정 관리 프로그램을 작성한다.

다음 사항들을 잘 생각해보자.

- 컨트롤러부터 시작하자. 토네이도에서 컨트롤러는 뷰 또는 애플리케이션 라우팅에 해당된다. 일정 목록과 일정 생성, 종료, 에러 표시 등 여러 뷰가 필요하다.
- 모델은 일정을 조회와 생성, 삭제하는 데이터베이스 작업을 담당한다.
- 마지막으로 토네이도에서 뷰는 템플릿으로 표현된다. 일정을 조회와 생성, 삭제하는 템플릿과 잘못된 URL을 알리는 템플릿이 필요하다.

모듈

사용하는 모듈은 다음과 같다.

- Tornado==4.3
- SQLite3==2.6.0

우선 파이썬 모듈을 임포트하자.

```
importtornado
import tornado.web
import tornado.ioloop
import tornado.httpserver
import sqlite3
```

다음 코드는 데이터베이스 작업, 즉 MVC의 모델에 해당되는 부분이다. 토네이도에서 모든 데이터베이스 작업은 모두 다른 핸들러를 사용한다. 핸들러는 사용자가 요청한 경로에 따라 데이터베이스 작업을 수행한다. 이 예제에는 총 4개의 핸들러가 있다.

- IndexHandler: 데이터베이스에 저장된 모든 일정을 딕셔너리 형식으로 반환한다. 데이터베이스에 SELECT 연산을 수행해 일정을 불러온다.
- NewHandler: 이름 그대로 새로운 일정을 생성한다. 일정 생성에 대한 POST 호출이 있는지 확인하고 데이터베이스에 INSERT 연산을 수행한다.
- UpdateHandler: 특정 일정을 완료 표시하거나 재개한다. UPDATE 연산으로 해당 일정의 상태를 open 또는 closed로 갱신한다.
- DeleteHandler: 특정 일정을 삭제한다. 지워지면 일정 목록에서 사라진다.

추가적으로 _execute( ) 메소드는 SQLite 쿼리를 인자로 받아 해당 SQL 연산을 수행한다. _execute( ) 메소드는 SQLite DB에 다음과 같은 작업을 수행한다.

- SQLite DB 연결
- 커서 객체 생성
- 커서 객체를 사용해 트랜잭션 처리
- 쿼리 커밋^{Query Commit}
- DB 접속 종료

핸들러를 파이썬으로 구현하면 다음과 같다.

```python
class IndexHandler(tornado.web.RequestHandler):
    def get(self):
        query = "select * from task"
        todos = _execute(query)
        self.render('index.html', todos=todos)


class NewHandler(tornado.web.RequestHandler):
    def post(self):
        name = self.get_argument('name', None)
        query = "create table if not exists task (id INTEGER \
            PRIMARY KEY, name TEXT, status NUMERIC) "
        _execute(query)
        query = "insert into task (name, status) \
            values ('%s', %d) " %(name, 1)
        _execute(query)
        self.redirect('/')

    def get(self):
        self.render('new.html')


class UpdateHandler(tornado.web.RequestHandler):
    def get(self, id, status):
        query = "update task set status=%d where \
            id=%s" %(int(status), id)
        _execute(query)
        self.redirect('/')
```

```
class DeleteHandler(tornado.web.RequestHandler):
    def get(self, id):
        query = "delete from task where id=%s" % id
        _execute(query)
        self.redirect('/')
```

각 메소드를 보면 **self.render( )** 부분이 보일 것이다. MVC의 뷰(토네이도 프레임워크의 템플릿)에 해당된다. 위 코드에는 총 3개의 템플릿이 있다.

- **index.html**: 모든 일정을 나열하는 템플릿
- **new.html**: 새로운 일정을 생성하는 템플릿
- **base.html**: 그 외의 템플릿이 상속받는 베이스 템플릿

다음 코드를 참고하라.

```
base.html
<html>
<!DOCTYPE>
<html>
<head>
        {% block header %}{% end %}
</head>
<body>
        {% block body %}{% end %}
</body>
</html>

index.html

{% extends 'base.html' %}
<title>ToDo</title>
{% block body %}
<h3>Your Tasks</h3>
<table border="1" >
```

```
<tralign="center">
<td>Id</td>
<td>Name</td>
<td>Status</td>
<td>Update</td>
<td>Delete</td>
</tr>
    {% for todo in todos %}
<tralign="center">
<td>{{todo[0]}}</td>
<td>{{todo[1]}}</td>
            {% if todo[2] %}
<td>Open</td>
            {% else %}
<td>Closed</td>
            {% end %}
            {% if todo[2] %}
<td><a href="/todo/update/{{todo[0]}}/0">Close Task</a></td>
            {% else %}
<td><a href="/todo/update/{{todo[0]}}/1">Open Task</a></td>
            {% end %}
<td><a href="/todo/delete/{{todo[0]}}">X</a></td>
</tr>
    {% end %}
</table>

<div>
<h3><a href="/todo/new">Add Task</a></h3>
</div>
{% end %}

new.html

{% extends 'base.html' %}
<title>ToDo</title>
{% block body %}
<div>
```

```
<h3>Add Task to your List</h3>
<form action="/todo/new" method="post" id="new">
<p><input type="text" name="name" placeholder="Enter task"/>
<input type="submit" class="submit" value="add" /></p>
</form>
</div>
{% end %}
```

토네이도에선 애플리케이션 경로(route)가 MVC의 컨트롤러에 해당된다. 이 예제에 는 총 4개의 경로가 있다.

- /: 모든 일정을 나열하는 경로
- /todo/new: 새로운 일정을 생성하는 경로
- /todo/update: 일정의 상태를 변경하는 경로
- /todo/delete: 완료된 일정을 삭제하는 경로

다음 코드를 참고하라.

```
class RunApp(tornado.web.Application):
    def __init__(self):
        Handlers = [
            (r'/', IndexHandler),
            (r'/todo/new', NewHandler),
            (r'/todo/update/(\d+)/status/(\d+)', UpdateHandler),
            (r'/todo/delete/(\d+)', DeleteHandler),
        ]
        settings = dict(
            debug=True,
            template_path='templates',
            static_path="static",
        )
        tornado.web.Application.__init__(self, Handlers, \
            **settings)
```

애플리케이션을 설정하고 HTTP 웹 서버를 시작한다.

```python
if __name__ == '__main__':
    http_server = tornado.httpserver.HTTPServer(RunApp())
    http_server.listen(5000)
    tornado.ioloop.IOLoop.instance().start()
```

파이썬 프로그램을 실행한 결과는 다음과 같다.

1. 서버를 5000번 포트에 구동한다. 뷰와 템플릿, 컨트롤러가 설정된다.

2. http://localhost:5000/으로 접속하면 모든 일정을 볼 수 있다. 다음과 같은 화면이 출력된다.

Your Tasks

Id	Name	Status	Update	Delete
1	New Task	Open	Close Task	X
2	Wash clothes	Closed	Open Task	X
3	Cook food	Open	Close Task	X
4	Thats enough	Open	Close Task	X
5	Wow! A new Task	Open	Close Task	X

Add Task

3. Add Task 버튼을 클릭하면 새로운 일정이 추가된다. 다음 화면을 보면 'Write the New Chapter'라는 일정을 추가했고 목록에도 나타난다.

154

새 일정을 입력하고 ADD 버튼을 클릭하면 기존 일정 목록에 새로운 일정이 추가된다.

Your Tasks

Id	Name	Status	Update	Delete
1	New Task	Open	Close Task	X
2	Wash clothes	Closed	Open Task	X
3	Cook food	Open	Close Task	X
4	Thats enough	Open	Close Task	X
5	Wow! A new Task	Open	Close Task	X
6	Write the New Chapter	Open	Close Task	X

Add Task

4. UI에서 일정을 종료시킬 수도 있다. 예를 들어 'Cook food' 일정을 완료시키면 목록에 적용된다. 원한다면 특정 일정을 재개할 수도 있다.

Your Tasks

Id	Name	Status	Update	Delete
1	New Task	Open	Close Task	X
2	Wash clothes	Closed	Open Task	X
3	Cook food	Closed	Open Task	X
4	Thats enough	Open	Close Task	X
5	Wow! A new Task	Open	Close Task	X
6	Write the New Chapter	Open	Close Task	X

5. 일정을 지우는 것도 가능하다. 첫 번째 일정인 'New Task'를 삭제하면 목록에서 사라진다.

Id	Name	Status	Update	Delete
2	Wash clothes	Closed	Open Task	X
3	Cook food	Closed	Open Task	X
4	Thats enough	Open	Close Task	X
5	Wow! A new Task	Open	Close Task	X
6	Write the New Chapter	Open	Close Task	X

Your Tasks

▌ MVC 패턴의 장점

MVC 패턴의 장점은 다음과 같다.

- MVC를 사용하면 애플리케이션을 모델과 뷰, 컨트롤러 총 3개의 파트로 나눌 수 있다. 유지보수가 쉽고 요소 간의 독립성이 높아져 복잡성이 줄어든다.
- 백앤드 로직을 거의 건드리지 않고 독립적으로 프론트앤드를 수정할 수 있다.
- 모델이나 비즈니스 로직도 마찬가지로 뷰와 상관없이 수정될 수 있다.
- 컨트롤러 또한 뷰와 모델과는 독립적으로 수정될 수 있다.
- 플랫폼 개발자와 UI 개발자 같이 특정 분야의 전문가들이 독립적으로 일할 수 있는 환경을 제공한다.

▌ 자주 묻는 질문들

Q1 MVC도 하나의 패턴인데 왜 컴파운드 패턴이라고 불리는가?

A 컴파운드 패턴은 더 큰 디자인 문제를 해결하기 위해 여러 패턴을 합친 것이다. MVC 패턴은 가장 많이 쓰이는 컴파운드 패턴이다. 안정적이며 많이 쓰이기 때문에 개별적인 패턴처럼 취급된다.

Q2 MVC는 웹사이트에서만 쓰이는가?

A 그렇지 않다. 웹사이트가 MVC를 설명하기에 가장 좋은 예다. MVC 패턴은 GUI 기반 애플리케이션이나 프로그램 내 요소 간의 높은 독립성을 요구되는 경우에 적합하다. 블로그나 영화 데이터베이스 애플리케이션, 비디오 스트리밍 애플리케이션 등이 MVC가 적합한 전형적인 예다. 하지만 MVC가 아무리 좋다 해도 랜딩 페이지나 마케팅 콘텐츠, 단일 페이지 애플리케이션 등에 쓰는 것은 적합하지 않다.

Q3 여러 개의 뷰와 모델을 사용해도 되는가?

A 물론이다. 여러 모델에서 데이터를 수집해 한 개의 뷰에 보여줘야 하는 경우가 자주 있다. 요즘 웹 애플리케이션에서는 일대일 매핑을 쓰는 경우가 흔치 않다.

▌ 정리

컴파운드 패턴과 모델-뷰-컨트롤러 패턴이 무엇인지 또 소프트웨어 개발에서 어떻게 쓰이는지 알아봤다. MVC 패턴이 어떻게 느슨한 결합도를 보장하고 계층 간의 독립적인 개발을 위한 다중 레이어 프레임워크를 지원하는지 설명했다.

나아가 UML 다이어그램과 파이썬 3.5로 작성한 예제 코드를 보면서 패턴에 대해

자세히 알아봤다. 마지막으로 자주 묻는 질문들에 대한 답과 패턴의 장점을 설명
했다.

10

상태 디자인 패턴

9장에서 컴파운드 패턴을 사용해 문제를 해결하는 방법을 설명했다. 모델-뷰-컨트롤러 디자인 패턴은 컴파운드 패턴의 한 종류로 컴포넌트 간 느슨한 결합을 유지하고 데이터를 저장하는 로직과 표현하는 로직을 분리하는 패턴이다. UML 다이어그램을 통해 MVC 패턴의 각 컴포넌트의 역할을 확인했다. 사용 예제를 파이썬으로 작성하고 MVC 패턴의 장단점 및 자주 하는 질문과 대답을 살펴봤다.

10장에서는 상태 디자인 패턴^{The State Design Pattern}을 소개한다. 커맨드와 템플릿 디자인 패턴과 마찬가지로 상태 패턴도 행위 패턴의 한 종류다. 상태 디자인 패턴의 원리와 소프트웨어 개발에서 어떻게 사용되는지 알아볼 것이다. 모든 예제는 파이썬 3.5로 작성한다.

10장에서 알아볼 내용은 다음과 같다.

- 상태 디자인 패턴 개요
- 상태 디자인 패턴의 UML 다이어그램
- 파이썬 3.5로 구현한 실제 사용 예제
- 상태 패턴의 장단점

상태 디자인 패턴의 원리를 자세히 알아보자.

상태 디자인 패턴 개요

행위 디자인 패턴은 객체의 역할에 중점을 둔다. 객체는 상호 작용을 통해 더 큰 기능을 구현한다. 상태 디자인 패턴은 행위 디자인 패턴의 한 종류이며 상태를 나타내는 객체 패턴^{The Objects for States Pattern}이라고도 부른다. 객체는 내부 상태에 따라 여러 행위를 캡슐화한다. 상태 패턴은 런타임에 객체의 행위를 변경한다.

 파이썬은 런타임 행위 변경에 적합한 언어다.

라디오를 예로 들어보자. 라디오에는 AM/FM 채널을 선택하는 스위치와 주파수를 스캔하는 버튼이 있다. 라디오를 켜면 기본 채널이 이미 설정돼 있다(FM이라고 가정). 스캔 버튼을 클릭하면 여러 FM 채널 주파수를 찾는다. 채널을 AM으로 바꾸면 스캔 버튼은 AM 채널 주파수를 찾는다. 라디오의 기본 상태(AM/FM)에 따라 스캔 버튼의 역할이 동적으로 변경된다.

상태 패턴은 상황에 따라 객체의 행동 방식을 변경한다. 사용자에게는 마치 객체의 클래스가 바뀐 것 같이 보여진다. 상태 패턴은 유한 상태 머신^{Finite State Machine}을 개발

160

하거나 트랜잭션을 구현할 때 적합하다.

상태 디자인 패턴 이해

상태 디자인 패턴은 총 3가지 요소로 구성된다.

- State: 객체의 행위를 캡슐화하는 인터페이스다. 행위는 객체의 상태에 따라 변한다.
- ConcreteState: State 인터페이스를 구현하는 서브클래스다. 특정 상태의 객체의 행위를 구현한다.
- Context: 사용자가 선택한 인터페이스를 정의한다. 특정 상태의 객체를 구현한 ConcreteState 서브클래스의 인스턴스를 가지고 있다.

상태 패턴을 구현해보자. State 인터페이스에는 Handle() 추상 메소드가 있다. ConcreteState 클래스인 ConcreteStateA와 ConcreteStateB는 State 인터페이스를 구현하고 Handle() 메소드를 정의한다. 따라서 Context 클래스의 상태가 설정되면 해당 상태의 ConcreteClass의 Handle() 메소드를 호출한다. 다음 예제를 보면 Context의 상태를 stateA로 설정하고 ConcreteStateA.Handle()을 호출한 뒤 ConcreteStateA를 출력한다.

```python
from abc import abstractmethod, ABCMeta

class State(metaclass=ABCMeta):

    @abstractmethod
    def Handle(self):
        pass

class ConcreteStateB(State):
    def Handle(self):
        print("ConcreteStateB")
```

```python
class ConcreteStateA(State):
    def Handle(self):
        print("ConcreteStateA")

class Context(State):

    def __init__(self):
        self.state = None

    def getState(self):
        return self.state

    def setState(self, state):
        self.state = state

    def Handle(self):
        self.state.Handle()

context = Context()
stateA = ConcreteStateA()
stateB = ConcreteStateB()

context.setState(stateA)
context.Handle()
```

실행 결과는 다음과 같다.

ConcreteStateA

상태 디자인 패턴의 UML 다이어그램

다음 UML 다이어그램을 보면 State와 ConcreteState, Context 총 3개의 클래스가 있다.

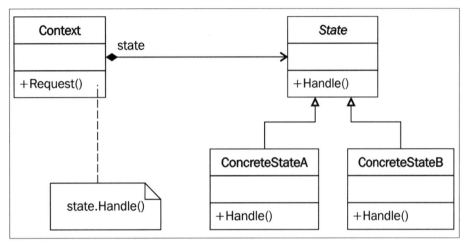

상태 디자인 패턴의 UML 다이어그램

각 역할은 다음과 같다.

- State: Handle() 추상 메소드를 정의하는 인터페이스다. 이 메소드는 ConcreteState가 구현한다.
- ConcreteState: 위 다이어그램을 보면 ConcreteStateA와 ConcreteStateB 총 2개의 ConcreteState 클래스가 있다. State 설정에 따라 실행될 각자의 Handle() 메소드를 구현한다.
- Context: 사용자의 요청을 넘겨받는 클래스다. 객체의 현재 상태를 저장하고 요청에 맞는 메소드를 호출한다.

▌ 상태 디자인 패턴 예제

간단한 예제를 통해 패턴을 더 자세히 알아보자. TV를 켜고 끄는 버튼이 있는 단순한 TV 리모컨을 생각해보자. TV가 켜진 상태에서 버튼을 누르면 TV가 꺼지고 반대도 마찬가지다. State 인터페이스에 TV를 켜고 끄는 메소드인 doThis( )를 정의한다. 각 상태에 맞는 ConcreteClass도 필요하다. 이 예제에서는 TV의 전원 상태를 나타내는 StartState와 StopState 총 2가지 상태가 있다.

TVContext 클래스는 State 인터페이스를 구현하고 현재 상태를 저장한다. TVContext는 현재 상태에 맞는 행위를 구현하는 ConcreteState에 요청을 전달한다. 현재 상태가 StartState라면 TVContext 클래스는 TV를 끄는 요청을 받는다. TVContext는 요청을 StopState ConcreteClass에 보내고 doThis( ) 메소드를 호출해 TV를 끈다.

```python
from abc import abstractmethod, ABCMeta

class State(metaclass=ABCMeta):

    @abstractmethod
    def doThis(self):
        pass

class StartState (State):
    def doThis(self):
        print("TV Switching ON..")

class StopState (State):
    def doThis(self):
        print("TV Switching OFF..")

class TVContext(State):

    def __init__(self):
```

```
        self.state = None

    def getState(self):
        return self.state

    def setState(self, state):
        self.state = state

    def doThis(self):
        self.state.doThis()

context = TVContext()
context.getState()

start = StartState()
stop = StopState()

context.setState(stop)
context.doThis()
```

실행 결과는 다음과 같다.

```
TV Switching OFF..
```

파이썬 3.5로 구현한 상태 디자인 패턴

상태 디자인 패턴의 사용 예제를 살펴보자. 데스크톱이나 랩톱 등의 컴퓨터 시스템에는 On과 Off, 일시 중지^{Suspend}, 절전^{Hibernate} 등의 상태가 있다. 각 상태를 상태 디자인 패턴으로 표현해보자.

- ComputerState 인터페이스에 name과 allowed 속성을 정의한다. name은 객체의 상태를 나타내고 allowed는 해당 객체에 허용된 모든 상태의 목록이다.

- State 인터페이스에는 객체(컴퓨터)의 상태를 변경하는 switch( ) 메소드를 정의한다.

다음과 같이 ComputerState 인터페이스를 작성한다.

```python
class ComputerState(object):
    name = "state"
    allowed = []

    def switch(self, state):
        if state.name in self.allowed:
            print('Current:',self,' => switched to new state',state.name)
            self.__class__ = state
        else:
            print('Current:',self,' => switching to',state.name,'not
                possible.')

    def __str__(self):
        return self.name
```

이제 State 인터페이스를 구현하는 ConcreteState를 살펴보자. 총 4개의 상태가 있다.

- On: 컴퓨터의 전원을 켠다. 허용되는 상태는 Off와 Suspend, Hibernate다.
- Off: 컴퓨터의 전원은 끈다. 허용되는 상태는 On뿐이다.
- Hibernate: 컴퓨터를 절전 상태로 설정한다. 이 상태에서는 다시 켤 수 있다.
- Suspend: 컴퓨터를 일시 중지한다. 중지된 컴퓨터는 다시 켤 수 있다.

코드로 작성하면 다음과 같다.

```python
class Off(ComputerState):
    name = "off"
```

```
    allowed = ['on']

class On(ComputerState):
    name = "on"
    allowed = ['off','suspend','hibernate']

class Suspend(ComputerState):
    name = "suspend"
    allowed = ['on']

class Hibernate(ComputerState):
    name = "hibernate"
    allowed = ['on']
```

Context 클래스(Computer)를 살펴보자. 이 클래스는 2가지 역할이 있다.

- __init__(): 컴퓨터의 기본 상태를 정의하는 메소드
- change(): 객체의 상태를 변경한다. 실제 상태 변경 로직은 ConcreteState (On, Off, Suspend, Hibernate)가 구현한다.

다음과 같이 작성한다.

```
class Computer(object):
    def __init__(self, model='HP'):
        self.model = model
        self.state = Off()

    def change(self, state):
        self.state.switch(state)
```

이제 클라이언트를 구현하자. Computer 클래스(Context) 객체를 생성하고 On 또는 Off, Suspend, Hibernate 중 하나의 상태로 설정한다. change(state) 메소드를 호출해 상태를 변경한다.

```python
if __name__ == "__main__":
    comp = Computer()
    # 전원을 켠다.
    comp.change(On)
    # 전원을 끈다.
    comp.change(Off)

    # 전원을 다시 켠다.
    comp.change(On)
    # 일시 중지
    comp.change(Suspend)
    # 절전 모드로 변경할 수 없다.
    comp.change(Hibernate)
    # 전원을 다시 켠다.
    comp.change(On)
    # 전원을 끈다.
    comp.change(Off)
```

실행 결과는 다음과 같다.

```
Current: off  => switched to new state on
Current: on  => switched to new state off
Current: off  => switched to new state on
Current: on  => switched to new state suspend
Current: suspend  => switching to hibernate not possible
Current: suspend  => switched to new state on
Current: on  => switched to new state off
```

__class__는 클래스가 자신의 클래스를 참조할 때 사용하는 내부 속성이다. 예를 들어 self.__class__.__name__은 클래스 이름을 나타낸다. 이 예제에서는 파이썬의 __class__ 속성을 사용해 State를 변경했다. change() 메소드를 호출하면 객체의 클래스를 동적으로 런타임에 변경한다. comp.change(On)은 객체의 상태를 On으로 변경한다. Suspend와 Hibernate, Off 상태도 마찬가지다.

상태 디자인 패턴의 장단점

상태 패턴의 장점은 다음과 같다.

- 상태 패턴에서 객체의 행위는 해당 상태의 실행 함수의 결과 값과 같다. 행위는 상태에 따라 런타임에 변경된다. 이런 구조는 if/else와 switch/case 등의 조건부 연산자를 줄일 수 있다. 앞서 다룬 TV 리모컨 예제는 주어진 인자에 따라 TV 전원을 켜고 끄는 if/else로 이뤄진 메소드 하나로도 구현할 수 있다.
- 다형성^{Polymorphic} 구현이 쉬우며 새로운 상태를 쉽게 추가할 수 있다.
- 상태 관련 행위가 모두 ConcreteState 클래스에 있으므로 응집도^{Cohesion}가 높아진다.
- 새로운 ConcreteState 클래스를 추가해 쉽게 신규 기능을 구현할 수 있다. 코드의 유연성이 높아지고 유지보수가 쉽다.

단점은 다음과 같다.

- 클래스 남발$^{Class\ Explosion}$이 나타난다. 모든 상태를 ConcreteState 클래스로 정의하면 쓸데없는 클래스가 많아진다. 유한 상태 기계를 보면 다수의 비슷한 상태들이 있지만 모두 개별적인 ConcreteState 클래스로 정의한다. 코드의 양이 늘어나고 전체 구조를 파악하기가 어렵다.
- 새로운 행위는 ConcreteState를 새로 추가하면 되지만 Context 클래스도 맞게 수정해야 한다. 따라서 Context는 행위가 추가될 때마다 취약해진다.

정리

상태 디자인 패턴에서 객체의 행위는 상태에 따라 변경된다. 객체의 상태는 런타임에 변경될 수 있다. 파이썬의 런타임에 행위를 변경하는 구조 덕분에 쉽게 상태 디자인 패턴을 구현할 수 있다. 앞서 컴퓨터 시스템 예제에서 봤듯이 쉽게 허용되는 상태를 통제할 수 있다. Context 클래스는 클라이언트에게 간편한 인터페이스를 제공하고 ConcreteState를 사용해 쉽게 행위를 추가할 수 있다. 따라서 상태 패턴은 응집도와 유연성을 높이고 코드의 중복을 줄이는 패턴이다. UML 다이어그램으로 패턴을 자세히 알아봤고 파이썬 3.5로 예제 코드도 작성해봤다. 나아가 패턴의 장점과 특히 상태와 행위가 늘어날수록 코드의 양도 늘어난다는 단점도 설명했다. 도움이 됐기를 바란다.

11

안티 패턴

11장에서는 안티 패턴$^{The\ Anti\ Pattern}$을 소개한다. 앞서 소개했던 패턴과는 다르게 소프트웨어 개발자로서 해서는 안 되는 행동을 설명한다. 이론적이고 실용적인 예제를 통해 안티 패턴이 무엇이고 어떻게 쓰이는지 알아보자.

11장에서 알아볼 내용은 다음과 같다.

- 안티 패턴 개요
- 안티 패턴 예제
- 자주 하는 실수들

모든 내용에 대한 정리로 장을 마무리한다.

▌ 안티 패턴 개요

소프트웨어 디자인 원칙은 개발자가 설계 단계에서 지켜야 할 몇 가지 원칙과 가이드라인을 제시한다. 로버트 마틴 Robert Martin에 의하면 잘못된 설계에는 4가지 특성이 있다.

- **유연하지 않다** Immobile: 재사용이 어렵다.
- **융통성이 없다** Rigid: 간단한 수정도 여러 부분을 손봐야 한다.
- **취약하다** Fragile: 수정할수록 시스템이 취약해진다.
- **점성이 높다** Viscose: 설계상의 결함에 대한 수정이 어려워 겉돌게 된다.

소프트웨어 개발 시 위와 같은 잘못된 설계의 특성은 반드시 피해야 한다.

안티 패턴은 지속적으로 생기는 문제에 대한 비효율적이고 반생산적인 해결책이다. 어떤 의미인지 문제를 예로 들어보자. 문제를 해결하려고 했지만 실제로는 더 나쁜 영향을 주거나 성능이 저하된다면 어떻게 할 것인가? 안티 패턴은 애플리케이션에 악영향을 주는 요인이다.

안티 패턴이 생기는 원인은 다음과 같다.

- 개발자의 소프트웨어 개발 방식이 미숙하다.
- 개발자가 상황에 맞지 않는 디자인 패턴을 사용한다.

안티 패턴은 다음과 같은 상황에 유용하다.

- 소프트웨어 개발 단계에서 자주 발생하는 문제의 해결책이다.
- 문제를 찾아내는 툴을 개발해 원인을 분석할 수 있다.
- 애플리케이션과 설계를 개선할 수 있는 다양한 방법을 찾을 수 있다.

안티 패턴은 다음 두 가지로 분류된다.

1. 소프트웨어 개발 안티 패턴

▌소프트웨어 개발 안티 패턴

보통 애플리케이션이나 프로젝트 개발을 시작할 때 코드 구조부터 설계한다. 제품 설계와 디자인, 사용 패턴 등을 생각해 결정한다.

개발이 진행될수록 최초의 코드 구조에서 벗어나게 되는 원인은 다음과 같다.

- 개발이 진행되면서 개발자의 사고력이 높아진다.
- 고객의 피드백에 따라 사용 패턴이 바뀐다.
- 기능 추가 및 확장성을 고려해 초기에 구상한 자료 구조가 수정된다.

위와 같은 이유로 리팩토링을 하게 된다. 리팩토링은 부정적인 의미로 많이 쓰이지만 실제로는 자료 구조를 다시 살펴보고 확장성과 끊임없는 고객의 요구를 다시 생각해볼 수 있는 소프트웨어 개발에 꼭 필요한 단계다.

다음은 소프트웨어 개발에서 발생하는 몇 가지 안티 패턴의 예다. 각 패턴의 원인과 증상, 결과를 살펴보자.

스파게티 코드

가장 흔하게 접하는 안티 패턴이다. 스파게티가 어떻게 생겼는지 생각해보라. 매우 복잡하게 서로 엮여 있다. 소프트웨어도 충동적으로 개발하다 보면 흐름이 뒤죽박죽 섞이게 된다. 이런 스파게티 코드^{Spaghetti Code}는 유지보수와 최적화가 어렵다.

스파게티 코드의 원인은 다음과 같다.

- 객체지향 프로그래밍 및 분석에 대한 이해 부족
- 깊게 생각하지 않은 제품 설계 및 디자인

- 대충 빨리 고치려는 성격

황금 망치

특정 솔루션이 다른 프로젝트에서 성공적이었다는 이유로 여러 곳에서 쓰이는 경우가 많다. 하지만 이 책에서 소개한 여러 예제에서 봤듯이 각 솔루션은 적합한 환경과 목적에서 사용해야 한다. 그럼에도 불구하고 개발자는 적합하지 않은 상황에도 한 번 사용해본 솔루션을 반복적으로 사용하는 경향이 있다. 어떤 못도 박을 수 있는 황금 망치(모든 문제의 해결책)다.

황금 망치 Golden Hammer가 생기는 이유는 다음과 같다.

- 주어진 문제와 환경에 대해서 잘 알지 못하는 외부인(설계자 혹은 상사)이 관여하는 경우
- 전혀 다른 목적의 프로젝트에서 성공적으로 적용된 솔루션을 재사용하는 경우
- 회사의 지원으로 이미 직원들이 잘 알고 교육을 받은 솔루션을 지속적으로 사용하는 경우

황금 망치의 결과는 다음과 같다.

- 특정 솔루션이 모든 프로젝트에서 사용된다.
- 제품의 기능이 아닌 개발에 사용된 기술 위주로 설명한다.
- 개발자들이 "저 솔루션을 사용했어야 하는데."라는 탄식을 자주한다.
- 사용자의 요구가 충족되지 않는다.

용암류

프로그램이 망가질까 봐 두려워서 건드리지 못하는 죽은 코드 Dead Code나 쓸 수 없는 코드를 일컫는다. 용암이 굳어서 단단한 돌이 되듯이 이런 코드는 계속 프로그램 속

에 남아 자리만 차지한다. 특정 목적에 맞춰 개발한 애플리케이션의 사용 용도가 변경되는 경우에 주로 생긴다.

용암류^{Lava Flow}가 생기는 원인은 다음과 같다.

- 테스트와 에러 코드가 지나치게 많은 경우
- 리뷰 없이 단독적으로 코드를 작성하고 인수인계 없이 다른 팀에 넘기는 경우
- 코드를 이해하는 사람이 아무도 없는 경우

용암류의 증상은 다음과 같다.

- 테스트 코드의 범위가 좁다.
- 알 수 없는 주석된 코드가 많다.
- 쓰이지 않는 인터페이스가 생기거나 기존 코드를 우회하는 방식으로 개발한다.

복사-붙여넣기 또는 잘라내기-붙여넣기 프로그래밍

가장 흔한 안티 패턴이다. 숙련된 개발자는 자주 발생하는 문제에 대한 해결책으로 자신의 코드를 온라인(StackOverflow, GitHub)에 올려둔다. 그리고 다른 개발자가 이 코드를 그대로 복사해 자신의 코드에 붙여넣는다. 붙여넣은 코드가 최적화됐는지 또는 상황에 적합한지 생각하지 않아 결국 유지보수가 어려운 불규칙한 코드가 돼버린다.

복사 - 붙여넣기 또는 잘라내기 - 붙여넣기가 발생하는 이유는 다음과 같다.

- 코딩 및 개발이 미숙한 초보 개발자인 경우
- 빠르게 버그를 수정하고 넘어가야 하는 경우
- 모듈 간의 표준화 또는 구조 단일화를 위한 코드 중복이 생길 때
- 장기적인 사고의 부재

복사-붙여넣기 또는 잘라내기-붙여넣기의 결과는 다음과 같다.

- 유사한 문제가 애플리케이션의 여러 부분에서 발생한다.
- 높은 유지보수 비용과 버그 발생률
- 코드 중복으로 인해 모듈식 코드가 줄어듦
- 동일한 문제가 계속 발생한다.

▌소프트웨어 설계 안티 패턴

소프트웨어 설계는 전체 시스템 설계에서 가장 중요한 부분이다. 시스템 설계는 디자인과 툴, 하드웨어에 중점을 두지만 소프트웨어 설계는 개발 및 테스트 팀과 PM 등의 관계자들이 함께 모델링한다. 기초 설계는 제품의 성공을 좌지우지한다.

소프트웨어 설계에서 자주 보이는 몇 가지 안티 패턴을 살펴보자.

시간 낭비

시간을 낭비하지 말라는 조언을 자주 듣는데 무슨 뜻인가? 코드나 라이브러리의 재활용을 말하는 것 같지만 설계의 재사용을 의미한다. 예를 들어 설계 단계에서 해결한 문제와 비슷한 또 다른 문제가 발생한다면 앞서 해결한 방식 및 과정을 재사용해야 한다. 같은 문제를 또 분석하고 고민할 필요가 전혀 없다.

시간을 낭비하는 원인은 다음과 같다.

- 문서 또는 설계 단계의 문제점 및 해결책 공유 부재
- 집단 내 소통 부족
- 처음부터 새롭게 개발하는 방식이 관습인 집단. 개발 프로세스 및 규칙이 없는 경우다.

시간 낭비의 결과는 다음과 같다.

- 간단한 문제에 대한 쓸데없는 논의
- 시간과 리소스 증가로 인한 예산 낭비와 늦춰지는 출시일
- 한 제품에만 적용되는 폐쇄적인 설계와 노력의 중복, 부실한 위기관리

제품/기술 종속 vendor lock-in

개발사는 다른 벤더사가 제공하는 기술에 의존하는 경향이 있다. 특정 기술이 시스템에 종속돼 떼어낼 수가 없는 구조가 돼버린다.

특정 제품에 대한 종속이 발생하는 원인은 다음과 같다.

- 벤더사와의 유착 관계 또는 사용 요금 할인
- 기술 및 성능이 아닌 마케팅과 세일즈 관점에서 선택한 제품
- 수익적으로 성공한 다른 프로젝트에서 쓰인 제품을 목적 및 요구사항이 다른 프로젝트에 그대로 접목하는 경우
- 기술자나 개발자가 이미 익숙한 제품을 선택

잘못된 종속의 결과는 다음과 같다.

- 제품의 출시 및 유지보수 주기를 벤더사 제품의 출시 시기에 맞춘다.
- 고객의 요구보다는 제품의 기술을 중심으로 개발한다.
- 출시일이 불확실하고 고객의 기대치에 미치지 못한다.

다수 디자인

조직의 프로세스에 따라 여러 사람이 모여 함께 시스템을 설계하는 경우가 있다. 이런 경우 너무 다양한 의견이 나오거나 지식 및 경험이 부족한 기술자의 의견이 더해져 결과물이 복잡해지고 수준에 못 미치게 될 수 있다.

원인은 다음과 같다.

- 많은 관계자들의 의견을 수렴하는 분위기의 조직인 경우
- 설계를 맡은 총책임자가 없는 경우
- 고객의 요구가 아닌 마케터나 기술자의 의견이 우선시될 때

다수 디자인 Design by Committee 안티 패턴의 결과는 다음과 같다.

- 설계가 끝난 뒤에도 개발자와 설계자 사이에 의견이 갈린다.
- 문서화하기 힘들 정도로 설계가 복잡해진다.
- 수정사항이 여러 사람을 거쳐야 하고 개발 시간이 지연된다.

▐ 정리

11장에서는 안티 패턴이 무엇이고 어떤 종류가 있는지 알아봤다. 안티 패턴은 소프트웨어 개발 및 설계 단계에서 흔히 발생한다. 자주 발생하는 안티 패턴의 원인과 증상 및 결과를 살펴봤다. 이런 상황이 프로젝트에서 생기지 않도록 각별히 신경써야 한다.

이 책의 내용은 여기까지다. 즐겁게 읽었기를 바라고 도움이 됐으면 좋겠다. 행운을 빈다.

찾아보기

에이콘출판의 기틀을 마련하신 故 정완재 선생님 (1935-2004)

파이썬 디자인 패턴 2/e

디자인 패턴을 사용해 소프트웨어 설계 문제 해결하기

발 행 | 2019년 1월 2일

지은이 | 체 탄 기리다
옮긴이 | 이 우 현

펴낸이 | 권 성 준
편집장 | 황 영 주
편 집 | 이 지 은
디자인 | 윤 서 빈

에이콘출판주식회사
서울특별시 양천구 국회대로 287 (목동)
전화 02-2653-7600, 팩스 02-2653-0433
www.acornpub.co.kr / editor@acornpub.co.kr

한국어판 ⓒ 에이콘출판주식회사, 2019, Printed in Korea.
ISBN 979-11-6175-244-0
ISBN 978-89-6077-210-6 (세트)
http://www.acornpub.co.kr/book/python-design-patterns-2e

이 도서의 국립중앙도서관 출판시도서목록(CIP)은 서지정보유통지원시스템 홈페이지(http://seoji.nl.go.kr)와
국가자료공동목록시스템(http://www.nl.go.kr/kolisnet)에서 이용하실 수 있습니다.(CIP제어번호: CIP2018038122)

책값은 뒤표지에 있습니다.